淘宝视觉营销全攻略

麓山文化◎编著

图片设计 + 首页营销 + 活动专题 + 分类详情 + 手机店铺

人民邮电出版社

北　京

图书在版编目（CIP）数据

淘宝视觉营销全攻略 ：图片设计+首页营销+活动专题+分类详情+手机店铺 / 麓山文化编著. -- 北京 ：人民邮电出版社，2016.4（2023.7重印）
ISBN 978-7-115-41706-0

Ⅰ．①淘… Ⅱ．①麓… Ⅲ．①网络营销 Ⅳ.①F713.36

中国版本图书馆CIP数据核字(2016)第029121号

内 容 提 要

本书是一本帮助淘宝美工和新手卖家学习掌握网店视觉营销知识的书。通过正反面案例的分析，介绍了淘宝店铺及店铺各模块的视觉设计知识。

全书共分 7 章，第 1 章带领大家认识视觉营销以及视觉营销在网店中的体现，第 2 章介绍了店铺的店标、主图及钻展、直通车、聚划算等常见图片的营销设计。第 3 章~第 4 章讲解首页的视觉营销，对首页中的店招、导航、海报、促销活动区、分类区、宝贝展示区、客服区、搜索条、页尾等模块进行案例分析，并总结出设计的要点。第 5 章~第 6 章讲解了活动专题页、详情页、分类页等店铺的内页营销设计。第 7 章针对淘宝移动化趋势讲解了手机店铺的营销设计。

本书选用了大量的正反面案例，通过对比分析，加深读者对网店视觉营销设计的理解和掌握，并能够在实际应用中做到学以致用、举一反三。

本书不仅适合作为淘宝店主、淘宝美工自学或提高的教程，也适合缺乏美术基础的电商运营、策划人员阅读。同时也可作为培训机构、职业院校相关专业的参考教程。

◆ 编　　著　麓山文化
　　责任编辑　张丹阳
　　责任印制　陈　犇

◆ 人民邮电出版社出版发行　　北京市丰台区成寿寺路 11 号
　　邮编　100164　　电子邮件　315@ptpress.com.cn
　　网址　http://www.ptpress.com.cn
　　固安县铭成印刷有限公司印刷

◆ 开本：700×1000　1/16
　　印张：12.5　　　　　　　　2016 年 4 月第 1 版
　　字数：321 千字　　　　　　2023 年 7 月河北第 14 次印刷

定价：45.00 元

读者服务热线：(010)81055410　印装质量热线：(010)81055316
反盗版热线：(010)81055315
广告经营许可证：京东市监广登字20170147号

在这个购物方式多元化的时代，视觉是引起关注，提升好感，促进成交的一大法宝。视觉营销设计是为达成营销的目标而存在的。网店本身就是虚拟的店铺，以视觉冲击来吸引客户购买产品是最主要的目的。本书从店标、店招、首页、活动页、详情页等各方面进行案例分析，对视觉设计与营销之间的关系进行探讨，并讲解怎样的店铺设计才是符合营销的设计，什么样的视觉设计才能为店铺带来收益。

本书内容

本书编写的主要目的是帮助读者掌握网店的视觉营销知识，提高综合设计素质，学习如何把设计主题鲜明、直观、准确地表达出来。全书共分7章，第1章带领大家认识视觉营销以及视觉营销在网店中的体现；第2章介绍了店铺的店标、主图及钻展、直通车、聚划算等常见图片的营销设计；第3章~第4章讲解了首页的视觉营销，对首页中的店招、导航、海报、促销活动区、分类区、宝贝展示区、客服区、搜索条、页尾等所有模块进行案例分析，并总结出设计的要点；第5章~第6章讲解了活动专题页、详情页、分类页等店铺的内页营销设计；第7章讲解了手机店铺的营销设计，以跟上淘宝的移动化趋势。

本书特色

1. 寓理于例、浅显易懂

本书采用理论指导和大量正反面案例对比分析的方式，加深读者对网店视觉营销设计的理解和掌握，让读者能够在实际应用中做到学以致用、举一反三。

2. 立意新颖、实用指导

本书不同于市场上大多数美工书籍，它的重点不在于掌握设计软件和网店装修知识，而在于帮助美工提高视觉感与营销感，学会将视觉与营销完美结合，并能将这一技能应用到网店设计中。

适合读者

本书不仅适合淘宝店主、淘宝美工作为自学或自我提高的教程，也适合缺乏美术基础的电商运营、策划人员阅读，也可作为培训机构、职业院校相关专业的参考教程。

创作团队

本书由麓山文化主编，具体参加图书编写与资料整理的有陈志民、李红萍、陈云香、陈文香、陈军云、彭斌全、林小群、钟睦、张小雪、罗超、李雨旦、孙志丹、何辉、彭蔓、梅文、毛琼健、刘里锋、朱海涛、李红术、马梅桂、胡丹、何荣、张静玲、舒琳博等。

由于作者水平有限，书中错误、疏漏之处在所难免。在感谢您选择本书的同时，也希望您能够把对本书的意见和建议告诉我们。

联系邮箱：lushanbook@qq.com

读者QQ群：327209040

作者

2015年12月

目 录

第 1 章
说说视觉营销设计

1.1 认识视觉营销 **7**
  1.1.1 视觉营销对网店的意义 7
  1.1.2 视觉营销的基本原则 7
  1.1.3 如何进行视觉营销设计 9
  1.1.4 视觉营销的误区 10
1.2 视觉营销的元素 **10**
  1.2.1 视觉色彩 10
  1.2.2 视觉文字 19
  1.2.3 视觉构图 25
1.3 淘宝视觉营销价值 **28**
  1.3.1 视觉设计引导流量 28
  1.3.2 视觉设计提高转化率 29
  1.3.3 视觉设计传达品牌文化 30
1.4 视觉营销设计的体现 **30**
  1.4.1 商品体现 30
  1.4.2 店铺体现 33
  1.4.3 广告体现 34

第 2 章
店铺图片营销设计

2.1 店标案例分析 **38**
  2.1.1 不同行业店标分析 38
  2.1.2 成功与失败案例的分析 39
2.2 店标营销设计 **42**
  2.2.1 视觉营销表现 42
  2.2.2 设计形态 42
  2.2.3 店标设计要点 43
  2.2.4 设计店标需要考虑的因素 44
  2.2.5 店铺名称 44
2.3 商品主图营销设计 **45**
  2.3.1 主图的营销体现 45
  2.3.2 主图营销设计 45

  2.3.3 主图案例分析 49
2.4 钻展图营销设计 **51**
  2.4.1 钻展图案例分析 51
  2.4.2 钻展图设计要点 52
2.5 直通车图与聚划算图设计 **54**
  2.5.1 直通车图设计 54
  2.5.2 聚划算图设计 56

第 3 章
店铺首页视觉营销

3.1 首页展示效果 **60**
  3.1.1 首页展示方式 60
  3.1.2 店铺的视觉传达 61
3.2 首页色彩与营销的关系 **61**
  3.2.1 颜色与营销 61
  3.2.2 配色与信息传达 66
  3.2.3 各行业网店配色分析与建议 ... 70
  3.2.4 促销颜色 75
  3.2.5 节日颜色 77
3.3 首页布局 **78**

第 4 章
充分利用首页营销

4.1 店招营销设计 **83**
  4.1.1 店招案例分析 83
  4.1.2 店招营销设计 84
  4.1.3 店招的布局设计 86
4.2 导航菜单营销设计 **88**
  4.2.1 导航设计的基本要求 88
  4.2.2 导航所包含的信息 89
4.3 首屏营销设计 **91**
  4.3.1 信息传达 91
  4.3.2 首屏布局 92
4.4 首页海报/轮播图营销设计 **94**

　　　4.4.1 海报案例分析 94
　　　4.4.2 海报的设计要点 99
4.5 促销活动区营销设计 104
　　　4.5.1 促销区设计思路 104
　　　4.5.2 优惠券设计 105
　　　4.5.3 促销活动信息 107
　　　4.5.4 促销区商品展示 111
4.6 分类营销设计 119
　　　4.6.1 分类图引导 119
　　　4.6.2 文字分类 120
　　　4.6.3 图文分类 122
4.7 宝贝陈列展示区设计 124
4.8 首页两侧 126
4.9 旺旺客服区 127
4.10 搜索条营销设计 131
　　　4.10.1 搜索条的重要性 131
　　　4.10.2 搜索条的位置 131
4.11 店铺页尾营销设计 133
　　　4.11.1 页尾案例分析 133

第5章

活动专题页营销设计

5.1 专题页营销 139
　　　5.1.1 专题页的营销效果 139
　　　5.1.2 专题页分类 139
　　　5.1.3 专题页设计注意事项 142
5.2 活动页营销设计 143
　　　5.2.1 失败的案例 143
　　　5.2.2 活动页布局 144
5.3 活动页氛围渲染 147
5.4 精彩案例欣赏 150

第6章

详情页与分类页营销设计

6.1 详情页营销功能 153

　　　6.1.1 分析客户 153
　　　6.1.2 详情页视觉营销的表现 153
6.2 详情页中的信息 155
　　　6.2.1 详情页模块 155
　　　6.2.2 宝贝描述内容 157
6.3 详情页布局 161
　　　6.3.1 通用型布局 161
　　　6.3.2 营销型布局 166
6.4 详情页设计分析 169
　　　6.4.1 爆款商品详情页面 169
　　　6.4.2 人气商品页面设计理念 171
　　　6.4.3 详情页案例展示 173
6.5 分类页营销区 174

第7章

手机店铺营销设计

7.1 手机店铺营销 180
　　　7.1.1 手机店铺入口 180
　　　7.1.2 手机店铺营销设计原则 180
　　　7.1.3 手机店铺首页布局 181
7.2 首页模块营销设计 182
　　　7.2.1 首页装修技巧 182
　　　7.2.2 店招 182
　　　7.2.3 焦点图 184
　　　7.2.4 优惠券 186
　　　7.2.5 活动区 188
　　　7.2.6 分类图 189
　　　7.2.7 商品展示区 191
　　　7.2.8 其他信息 195
7.3 手机详情页营销 196
　　　7.3.1 手机详情页与PC端的不同 ...196
　　　7.3.2 设计规范 197
　　　7.3.3 产品描述的要素 197
　　　7.3.4 手机详情页案例分析 198

CONTENTS

第 1 章

说说视觉营销设计

在这个购物方式多元化的时代，视觉是引起关注、提升好感、促进成交的一大法宝。视觉营销设计是为完成营销的目标而存在的。

1.1 认识视觉营销

视觉冲击是影响品牌文化的一种手段。视觉化商品营销的目的之一就是实现商品价值的最大化，并且通过凸显品牌之间的差异提升销售利润，打造一个让目标顾客容易看、容易选、容易买的卖场，让商品与销售额产生直接连动。

1.1.1 视觉营销对网店的意义

视觉营销是网店必不可少的营销手段之一，所谓视觉营销就是利用色彩、图像、文字等元素造成的冲击力吸引潜在顾客关注的行为，以提升网店的流量，并且刺激其购物欲望，从而达成交易，甚至成为品牌的忠实粉丝。

1.1.2 视觉营销的基本原则

淘宝视觉营销集交互设计、用户体验、信息构架于一体，其重点在于对视觉线和顾客心理的把控。基本原则如下。

1. 目的性

网店本身就是虚拟的店铺，以视觉冲击来吸引客户购买是最主要的目的。

在网上卖东西，可以通过色彩、图片和文字来传达信息。无论一个网店多么复杂，它都是由一张张图片、文字和代码等组合起来的。视觉营销简单的三要素：图片、文字、产品。文字要尽量简短精辟，富有吸引力，符合年龄段的需求；图片要做得精致美观，能够抓住人们的眼球；产品要尽量展示产品的特点、优点，使人产生点击的冲动。

2. 审美性

要始终注重视觉感受，即使第一次做的视觉效果比较好，产生了购买销量，但久而久之也会给人造成一种审美疲劳。因此，要定期更换店铺设计，营造一个好的购物环境，这样更容易形成一种购买的良性循环。

3. 实用性

实用性关系到消费者的体验度。如果消费者进入一家店铺，点击广告打不开，点击产品图片打不开，或者跳到其他产品上去，这显然会造成顾客体验不佳，流失流量。

我们可以巧妙地利用文字或图片说明让客户轻易地了解店铺和产品的结构与特色。如果店铺与产品线是紧密结合的，就一定要注意环环相扣的实用性，不能让商品摆放太错乱。

其实，实用性就是服务好顾客的需求，权衡好可操作性，具体还需要注意以下几点问题。

- 店铺中的广告是否链接到了相应的产品页。
- 具体的产品页是否帮用户考虑到搭配套餐的选择。
- 产品页中的关联销售是否有必要。尽量去除无关冗余的非关联广告，图1-1所示的关联营销就过多且重复了。
- 产品页的图片尺寸和大小是否可以优化，是否利于用户快速打开阅读。

图1-1 关联营销过多

4. 传达性

在互联网时代，再好的产品不能引起关注也只能胎死腹中。作为一个虚拟的网络店铺，要想吸引客户，要论什么来得最直接？非视觉上的冲突莫属。如店招，要利用好这一区域让买家记住你，刺激买家的眼球，如图1-2所示为某"淘"品牌旗舰店的店招，品牌名叫"生活在左"，立在一个向左的箭头上，就能很容易让客户记住这个品牌。店招正中间有店铺近期优惠活动的提示，用红色背景凸显，几乎可以抓住每个进店客户的注意力，达到为活动引流的效果。而且店招还添加了同集团旗下另外两个品牌的店铺链接，三个品牌可以共享客户。

图1-2 店招

宝贝主图要简单明了、色彩鲜明、卖点突出才容易被买家喜欢。无论产品本身是否有吸引力，都要让用户能很容易地识别产品图片与文字。针对产品属性和特色用最明确的图片表达出来，让别人一眼就能看出来效果并产生购买的欲望。如图1-3所示的四张宝贝主图中，第二张既展示了鞋子的外形，又突出了卖点。

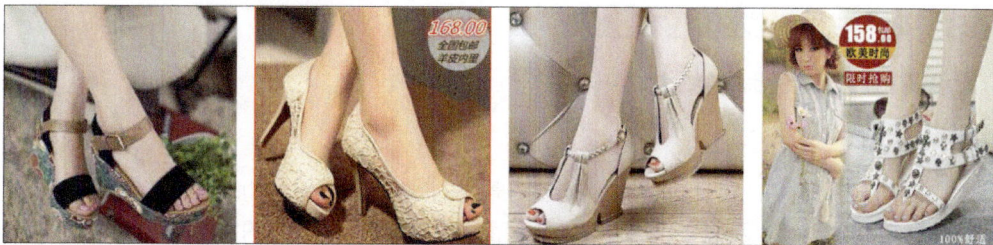

图1-3　宝贝主图

对于商品分类也要做好视觉营销，做到明了美观。不要让买家去找你的产品，要有容易进入各个分类或各个主推的栏目频道甚至主推单品的导航，视觉上要引导用户，让其跟着你精心规划的店铺路径走，如图1-4所示。还可以尝试将新品和特价分类放在前面。

图1-4　分类导航

1.1.3　如何进行视觉营销设计

视觉营销是属于营销技术的一种，而设计就是实现该技术结果的一个过程。网店的视觉设计需要做到提升品牌形象、提升信任度、提升产品品质、增强用户体验、提高易用性、增加页面访问量、增加停留时间和提高转化率等。

做好视觉营销设计，设计师除了需要具有一定的审美能力、设计软件操作能力、对素材的运用能力外，还需要懂得营销之道。

首先，视觉设计要有清晰的产品定位和营销战略。在店铺的不同时期以及不同活动下，都应有相应的主题作为视觉设计的前提。

其次，要注重品牌的营销，随着人们消费观念的改变，消费者已经不只是要购买产品本身，还关心品牌所体现的文化及其带来的精神诉求。淘宝店铺的视觉直接决定消费者对该品牌产品的印象。

　　总结得出，店铺视觉设计就是要做到风格统一，注重视觉引导，注重用户体验，注重易用性，突出产品，强调品牌。

1.1.4　视觉营销的误区

　　很多店铺做视觉营销时存在着以下误区。

1. 盲目展示

　　盲目展示是最常见的错误。很多卖家希望在最小的篇幅实现最多的功能与展示，这种盲目的堆积往往会引起顾客的反感。因为在浏览一个页面时，顾客对重点信息的捕捉有限，所以不论是对首页还是描述页的表达，精准、简洁的设计是非常关键的。

2. 无风格定位

　　风格缺失是店铺犯得最多的错误。店铺风格的定位展示了店铺的层次、特色、专业度，它体现在海报、商品展示等方面。杂乱的排版、不统一的模特、冲突的颜色等问题会造成产品定位的混乱、视觉的混乱，也就毫无风格可言。

3. 页面失衡

　　一个详情页面会因各种原因造成客户流失，因此页面必须具备足够的跳转能力，而此时侧边栏就起到了非常重要的作用。一个好的侧边栏对客户的再次跳转起到关键作用。但很多时候，卖家没有注意到侧边栏与整页需要保持统一，顾客在浏览到页面下半部分时左侧栏就没有了，这样就造成了客户的流失。

1.2　视觉营销的元素

　　网店视觉设计营销的主要原则是增加销售。应用好视觉元素，做好视觉传达设计，让顾客感受到店铺的吸引力和感染力，最终使其成功购买并认知该品牌。视觉元素也是影响点击的关键，它包括色彩、文字、主题、布局、风格、图片、品牌、促销。

1.2.1　视觉色彩

　　色彩是极具视觉冲击力的传播工具，当距离显示屏较远时，人们首先看到的不是优美的版式或者美丽的图片，而是页面的色彩。色彩的应用在网店视觉表现中尤为突出，店铺的整体色调如何、色彩搭配是否符合企业特色，店铺的宣传推广是否能够抓住观众的眼球，都离不开对色彩的应用。

　　在平面图上，色彩的冲击力是最强的，它很容易让买家留下深刻的印象，因此在页面设计中，要高度重视色彩的搭配。自然界中有许多种色彩，为了能更好地掌握色彩的应用及搭配规律，首先需要了解色彩的一些基本概念。

1. 色彩的原理

色彩中不能再分解的基本色称为原色，原色可以合成其他的颜色，而其他颜色却不能还原出本来的色彩。我们通常说的三原色是指美术色彩三原色，即红、黄、蓝三种颜色。三原色可以混合出所有的颜色，如图1-5所示。

图1-5　三原色及间色和复色

- **原色（Y）**：红、黄、蓝。
- **间色（R）**：由红黄蓝三原色以不同比例混合调配产生的颜色。
- **复色（S）**：用间色再调配混合的颜色。

在构成画面的色彩布局时，原色是强烈的，间色较温和，复色在明度和纯度上较弱，各类间色与复色的补充组合，形成丰富多彩的画面效果。有时感觉画面的色彩布局不和谐时，特别是颜色对比强烈、刺激时，使用复色能够起到缓冲与和谐画面色彩的作用。

2. 色彩的属性

色相、明度和纯度是色彩最基本的三种性质，这三种属性是界定色彩感官识别的基础，如图1-6所示。

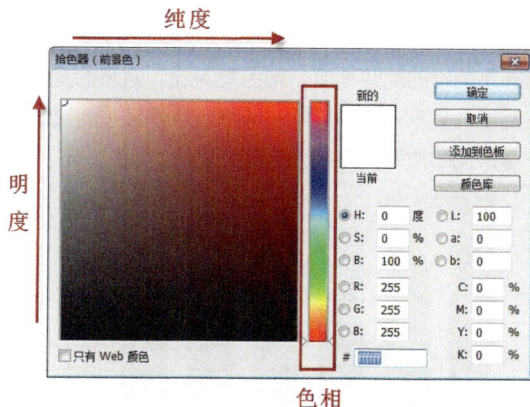

图1-6　拾色器中的色相、明度、纯度

■ 色相

色相指的是能够比较确切地表示某种颜色色别的名称，是色彩最基本的特征，是一种色彩区别于另一种色彩的最主要的因素。如以红色为主的色相，可能有粉红、棕红等色相的变化，它们虽然是在红色色相中调入了白与灰，在明度与纯度上产生了微弱的差异，但仍保持红色色相的基本特征，图1-7所示的页面使用了红色色相的不同差异。

图1-7 红色色相的不同差异

基本的色相为红、橙、黄、绿、蓝、紫，在各色中间加插一两个中间色，其头尾色相，按光谱顺序为：红、红橙、橙、黄橙、黄、黄绿、绿、蓝绿、蓝、蓝紫、紫、红紫，可制出十二基本色相，如图1-8所示。色彩的成分越多，色彩的色相越不鲜明。

图1-8 十二基本色相

■ 明度

明度，也叫亮度，指的是色彩的明暗程度。颜色有深浅、明暗的变化，例如，深黄、中黄、淡黄、柠檬黄等黄颜色在明度上就不一样，紫红、深红、玫瑰红、大红、朱红、橘红等红颜色在明度上也不尽相同，图1-9所示为明度由高到低的颜色变化。

图1-9 色彩的明度变化

没有明度关系的色彩，就会显得苍白无力。只有加入明暗的变化，才能体现色彩的视觉冲击力和丰富的层次感。

明度越低，颜色越暗；明度越大，色彩越亮。在无彩色中，白色明度最高，黑色明度最低，白色和黑色之间是一个从亮到暗的灰色系列。在有彩色中，任何一种纯度色都有自己的明度特征，其中黄色明度最高，紫色明度最低，绿、红、蓝、橙的明度相近，为中间明度。一些女装、儿童用品网店，或者喜庆、节日广告，用的都是一些鲜亮的颜色，让人感到绚丽多姿，生机勃勃。如图1-10所示为蓝色明度对比。

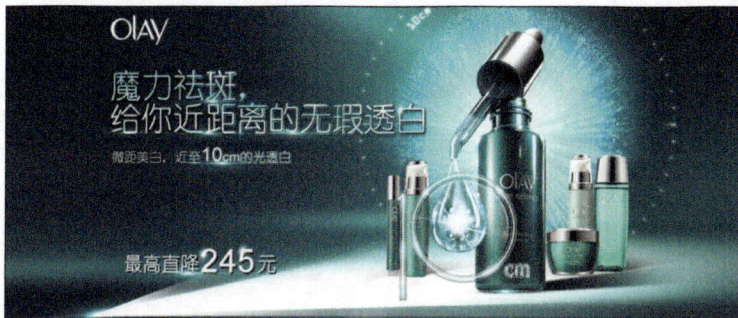

图1-10 蓝色明度对比

提示 色彩的明暗是相对而言的，例如，深蓝色和黑色相比，显得明度较高；而深蓝色与黄色相比，就显得明度较低。

■ **纯度**

纯度，指的是色彩的纯净程度，即饱和程度，纯度高的色彩非常鲜明，纯度低的色彩则比较暗淡。纯度最高的色彩就是原色，随着纯度的降低，就会变化为暗淡的，没有色相的色彩，纯度降到最低就是失去色相，变为无彩色。如图1-11所示为色彩纯度和明度的渐变。

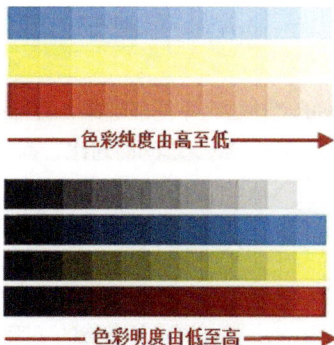

图1-11 色彩纯度和明度的渐变

同一色相的色彩，不掺杂白色或者黑色，则被称为纯色。在纯色中加入不同明度的无彩色，会出现不同的纯度。以蓝色为例，向纯蓝色中加入一点白色，纯度下降而明度上升，变为淡蓝色；继续加入白色的量，颜色会越来越淡，纯度下降，而明度持续上升。

同一色相，即使纯度发生了细微的变化，也会立即带来色彩性格的变化。纯度高的页面显得非常鲜活明快，如图1-12所示；纯度低的页面则显得灰暗朦胧，如图1-13所示。

图1-12 纯度高的页面

图1-13 纯度低的页面

提示 Tips 把一种高纯度色相的颜色提高明度，其纯度就会降低。无彩色只具有明度属性。

3. 色彩的对比

在一定条件下，不同色彩之间的对比会有不同的效果，各种纯色的对比，各种色彩界面构成中的面积、形状、位置以及色相、明度、纯度之间的对比，都可以使页面色彩配合增添许多变化，使页面更加丰富多彩。

■ 黑白对比

黑白两色是无彩色，它们在冷暖性质上属中性色，不像有彩色那样富于感受性特征，容易被刺激，这两个在明度上极端对立的颜色，都拥有一种理智的坚固力量。黑白对比最能够满足视觉的清晰感，当黑白对比出现在强烈的有彩色对比群时，它可以立即使刺目跳跃的色彩显得稳定。有时我们在设计中使用强烈的色彩，为了不让它显得焦躁，可以用加进黑白对比的手法来稳住它，这会获得一种鲜明而清晰的色彩效果，如图1-14所示。

■ 色相对比

色相对比是指因色相之间的差别形成的对比，在度量色相差时，要借助色相环，如图1-15所示。色相对比的强弱，取决于色相在色相环上的距离。

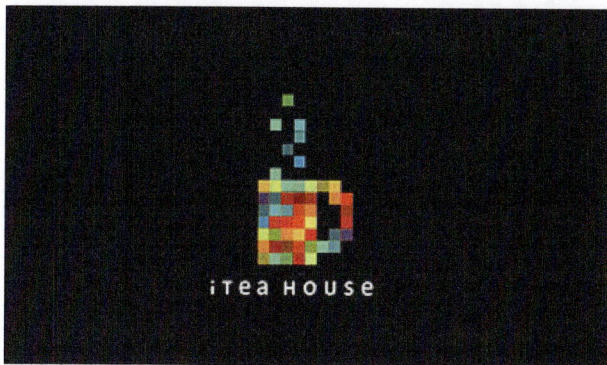

图1-14 黑白对比稳定色彩效果

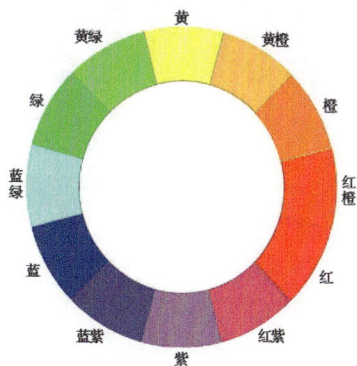

图1-15 色相环

● **原色对比**：指的是红、黄、蓝三原色之间的对比，这三种颜色之间的对比属于最强烈的色相对比，会令人感受到极强烈的色彩冲突，如图1-16所示。

图1-16 原色对比

● **互补色对比**：在色环上位置相对的两种色彩互为补色，如红色与绿色、黄色与紫色、蓝色与橙色等，一对补色在一起，可以使对方的色彩更加鲜明，如图1-17所示。图1-18所示的页面以绿色为背景，但是商品价格、"秒杀""立即抢购"字样却用红色，形成互补色对比效果，使关键信息更为凸显。

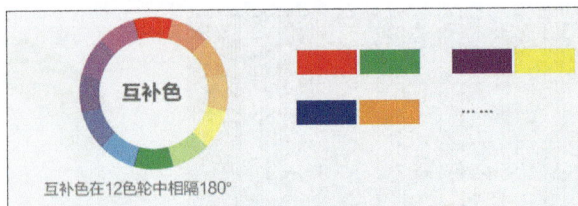

图1-17 互补色

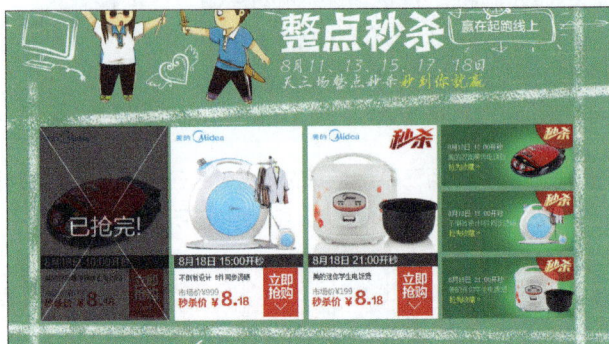

图1-18 互补色对比

● **相邻色、类似色对比**：在色环中相邻的颜色是相邻色，如红和橙、橙和黄、黄和绿、绿和蓝等，如图1-19所示。而在色相环上彼此接近的色彩可以归为类似色，如蓝绿、绿、黄绿，虽然它们在色相上有很大差别，但在视觉上却比较接近。类似色对比具有明显的统一协调性，在统一中又不失对比的变化，如图1-20所示。

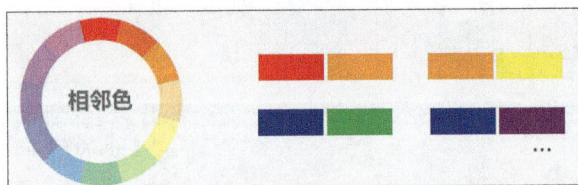

图1-19 相邻色

图1-20 类似色对比

● **间隔色对比**：间隔色是色环上两个颜色之间隔了一个颜色，如图1-21所示。间隔色比较相邻色，两色之间在色环上相隔远一些，因此视觉冲击力会强于相邻色，而且间隔色使用广泛，即没有互补色冲击力那么具有刺激性，又相比相邻色多了一些明快活泼效果。

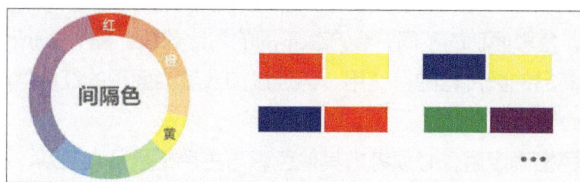

图1-21 间隔色

■ 明度对比

明度对比是指色彩的明暗程度的对比，色彩的层次与空间关系主要依靠色彩的明度对比来体现。对装饰色彩的应用来说，正确明度的对比，是决定配色的光感、明快感、清晰感以及心理作用的关键。明度对比较强时光感强，页面明朗清晰，给人印象深刻，不容易出现误差；明度对比较弱时，页面则显得朦胧轻柔、形象不易被看清，效果不好。

提示 色彩明度对比包括同一种色彩之间的明度对比和不同色彩之间的明度对比。

■ 纯度对比

一个鲜艳的红色与一个含灰的红色并置在一起，能比较出它们在鲜浊上的差异，这种色彩性质的比较，称为纯度对比。纯度对比既可以体现在单一色相中不同纯度的对比中，也可以体现在不同色相的对比中。例如，纯红和纯绿相比，红色的鲜艳度更高；纯黄和黄绿相比，黄色的鲜艳度更高。图1-22所示的页面就采用了不同纯度的对比。

图1-22 纯度对比

纯度弱对比的画面视觉效果比较弱，形象的清晰度较低，适合长时间及近距离观看；纯度中对比是最和谐的，画面效果含蓄丰富，主次分明；纯度强对比会出现鲜的更鲜、浊的更浊的现象，画面对比明朗、富有生气，色彩认知度也较高。

■ 色彩的面积对比

同一视觉范围内，色彩面积的不同，会产生不同的对比效果。图1-23所示的页面使用大面积的浅色调为背景，主商品的图片有醒目作用，再通过加入适当面积的红色就起到了视觉平衡的作用，又能突出视觉中心点。

当一个页面的主色确定后，必须考虑其他色彩与主色相是什么关系，要表现什么内容及效果等，这样才能增强其表现力。

- 根据设计主题的需要，在页面上以某一色为主色，其他颜色为次色，可以使页面主次关系更突出，在统一的同时富有变化。
- 当两种颜色以相等的面积比例出现时，这两种颜色就会产生强烈的冲突，色彩对比自然强烈。
- 当一种颜色在整个页面中占据主要位置时，另一种颜色就只能成为陪衬，这时整体的色彩对比就减弱了。
- 同一种色彩，面积越大，明度、纯度越强；面积越小，明度、纯度越低。而且，面积大的时候，亮色显得更轻，暗色显得更重。

图1-23 色彩的面积对比

■ 色彩的冷暖对比

色彩学上根据心理感受，把颜色分为暖色调（红、橙、黄）、冷色调（青、蓝）和中性色调（紫、绿、黑、灰、白）。图1-24所示为冷暖色图，成分复杂的颜色要根据具体组成和外观来决定色性。

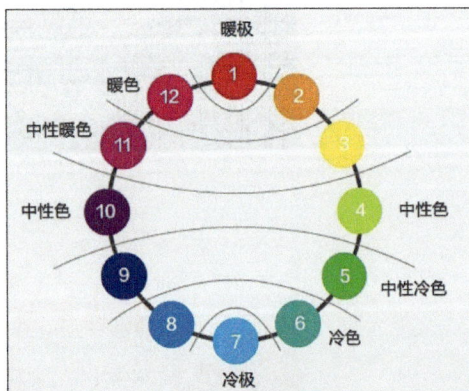

图1-24 冷暖色图

因为冷暖色系本身的对立性很突出，所以在使用冷暖色调对比时，最好使一方为主色，另一方为辅色，通过控制颜色的比例，使之互相陪衬，从而达到色彩协调的效果。图1-25所示的就是典型的冷暖色对比，在这个海报中添加了白色作为调和，白色和黑色是万能的调和色，几乎可以用于所有的对比色彩中。

图1-25　冷暖色对比

暖色调给人亲密、温暖的感觉，一般应用于购物类网店、儿童类网店等店铺，用以体现商品的琳琅满目、儿童类网店的温馨活泼。而冷色调则给人以距离、凉爽之感，单纯冷色系搭配的视觉感比暖色系舒适，不易造成视觉疲劳。如蓝色、绿色是冷色系的主要颜色，大自然的颜色给人带来一种清新、祥和安宁的感觉，也是设计中较常用的颜色。冷色一般应用于高科技网店，给人严肃、稳重之感。

> **提示**　黑白本身在冷暖对比中属于中性色，当它们与暖色相混时，可以使其变冷；和冷色相混时可以使其变暖，例如，灰蓝色与淡蓝色都比蓝色带暖味。

1.2.2　视觉文字

无论在何种视觉媒体中，文字和图片都是其两大构成要素。文字设计是增强视觉传达效果、提高作品的诉求力、赋予版面审美价值的一种重要构成技术，直接影响着传播信息的展现与传达。

1. 字体和字形

字体样式繁多，又有各种不同的字号，也如同气味和声音一样，含有不同的情感、意义和相关性，根据设计的需要，有效地应用好字体和文字的组合，能让你的设计与众不同。字体样式库的内容可以分成四个主要类别：无衬线字体、衬线字体、手写体和装饰字体。

■ 无衬线字体

没有衬线的字体称为无衬线字体，衬线指的是字形笔画末端的装饰细节部分。无衬线体往往被用在标题、较短的文字段落或者一些通俗读物中。相比严肃正经的衬线体，无衬线体给人一种悠闲轻松的感觉。随着现代生活和流行趋势的变化，如今的人们越来越喜欢用无衬线体，因为它们看上去"更干净"。在快速简洁、不带感情色彩地向读者传达信息上，无衬线字体表现出众，设计师们常利用无衬线字体的简单特性来创造一种时尚感或简约感。但在为标识或品牌选择字体时，则要谨慎选用无衬线字体，因为无衬线字体缺乏装饰性，在用来做一个公司或视觉识别的品牌标识时无法体现它们所需的特殊性。常见的无衬线字体有黑体、圆体、Arial、Verdana等。

■ 衬线字体

有衬线的字体就称为衬线字体，最基本的形式是在无衬线字体每个字母笔画的开头和收尾有小小的加工，如下表所示。一般来说，人们倾向在长篇文章中使用衬线字体，如书籍、报纸和杂志等，因为它光滑的弧度使得大量的文字阅读变得容易。也由于它所投射出的可信性和专业性，因此在商业、正式信函、营销材料和各类媒体上选用衬线字体也是很不错的选择。常见的衬线字体有宋体、Time New Roman、Georgia等。

无衬线字体	AaBbCc
衬线字体	AaBbCc
衬线字体（红色部分）	AaBbCc

> **提示** 印刷制品更多趋向使用衬线字体以求方便阅读，但是在计算机领域中为方便在显示器上显示倾向使用无衬线字体，它具有在几乎所有字号大小下都清晰可见的特性。

■ 手写字体

手写字体是模仿笔迹而来的，常在向读者表达个人的情感或联系时用到。从孩子般的涂鸦到粉笔字再到精致的书法，手写体能有效地为计算机生产化的领域带来趣味性和复杂性。在个人设计中从邀请函到声明信都是手写体；然而，手写体很少用在企业形象设计中，因为它们不能表现出权威性和可靠性。图1-26所示为方正静蕾简体。

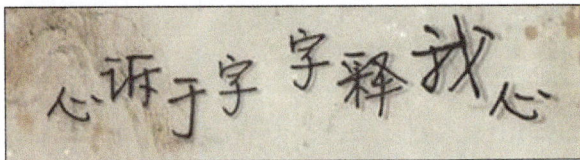

图1-26 手写字体

■ 装饰字体

装饰字体，也称作观赏或陈列字体，正如其名，它们有很强的装饰性。它们字母的独特形态能让人耳目一新，引人注目，最适合用来创造或加强大尺寸作品（如标题）的设计感，也可以用来模仿一种特定流派或一个时代的情感和审美。由于装饰体复杂的笔法使得它们在大量文字中或较小字号下运用时，效果并不理想，因此它们不被用作正文字体。要避免装饰字体在新闻或业务报告中运用，因为它们会破坏大多数组织所力求表达的中立性。同时还要避免装饰字体的过度使用，避免为主题选择不恰当的装饰字体。图1-27所示的就是一种装饰字体。

图1-27 装饰字体

提示 由于其具有高度的观赏性质，装饰字体也通常被归纳到衬线字体一类。

在淘宝的视觉营销设计中，文字除了能传达信息外，在广告设计中也是一种视觉材料。一般来说，一个广告设计中最多使用两到三种字体，用太多字体容易分散用户注意力，产生视觉疲劳。为了更好地说明和表达你的意思，一种字体可以尝试改变其粗细（常规、中等、粗、加粗）、宽窄（窄、中等、宽）、斜体、描边和颜色等效果，这些属性的变化都能在很大程度上改变字体的视觉效果。

2. 文字组合

文字排列组合的好坏，直接影响着广告的视觉传达效果。文字设计也是创意的过程，下面讲讲在平面设计中文字设计和组合应注意的几点。

■ 文字的可读性

文字的主要功能是在视觉传达中向大众传达作者的意图和各种信息，要达到这一目的必须考虑文字的整体诉求效果，给人以清晰的视觉印象。因此，广告设计中的文字应避免繁杂零乱，要使人易认、易懂，切忌为了设计而设计，不要忘记了文字设计的根本目的是为了更有效地传达作者的意图，表达设计的主题和构想意念。

- 让你想表达的内容清晰、醒目，让阅览者一开始就可以明白你的意思。
- 除非你需要这种效果，那么避免使用不清晰的字体，否则容易使阅览者产生反感，如图1-28所示。

图1-28 不清晰的字体

- 恰当地选择你所需要的字体，不要使用过小过细的字体，如图1-29所示。

图1-29 过小过细的字体

- 注意文字在浏览时的视觉顺序，一般用户都习惯从左至右浏览，所以通常将重点内容放在右边。

■ 文字的位置

文字在画面中的安排要考虑到全局的因素，不能有视觉上的冲突。否则，画面就主次不分，很容易引起视觉顺序的混乱，作品的整个含义和气氛都可能会被破坏。细节的地方也一定要注意，一个像素的差距有时候会改变你整个作品的味道。

安排好文字和图形之间的交叉错合，既不要影响图形的观看，又不能影响文字的阅览。

文字一定不要全部都顶着画面的边角，这样看起来很不专业，如图1-30所示。

文字不要全顶着画面的边角　　　　　　　文字不要全顶着画面的边角

文字不要全顶着画面的边角

图1-30 文字都顶在边角

● 也不要让文字和边线没有距离，如图1-31所示。

不要让文字和边线没有距离

图1-31 文字和边线没有距离

■ 视觉美感

在视觉传达的过程中，文字作为画面的形象要素之一，具有传达感情的功能，因而它必须具有视觉上的美感，能够给人以美的感受。字形设计良好、组合巧妙的文字能使人感到愉快，留下美好的印象，从而获得良好的心理反应。反之，则使人看后心里不愉快，视觉上难以产生美感，甚至会让观众拒而不看，这样势必难以传达出作者想表现出的意图和构想。图1-32所示的两种文字版面，第一种明显过于平淡了，第二种改变一下文字的位置和大小，味道就不一样了。

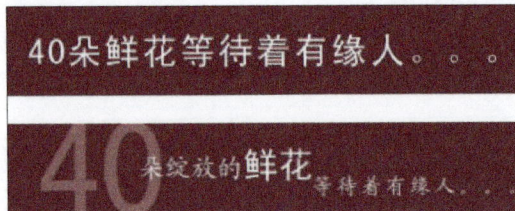

图1-32 文字版面

字距和段落间距也会影响文字排版的美感。

● 如果小字体的字间距小的话，阅读会很困难，但如果是大字体，间距就要紧凑点。

● 随着字体的增大，段落之间的距离也应该随之调整，行距要大于字间距。

● 如果有多个段落，还要注意段落之间的主次和轻重，以及在内容表达等方面的重要程度。

■ 设计的创造性

根据作品主题的要求，突出文字设计的个性色彩，创造与众不同的独具特色的字体，给人以别开生面的视觉感受，有利于作者设计意图的表现。设计时，应从字的形态特征与组合上进行探求，不断修改，反复琢磨，这样才能创造出富有个性的文字，使其外部形态和设计格调都能唤起人们的审美愉悦感受。如图1-33所示，有时候对文字的笔画做特殊的加工处理往往会产生一些意想不到的效果，而这样的处理是带有创造性的，同时人性化的味道也会更浓一些。

图1-33 创造富有个性的文字

一个广告设计中的各种不同字体的组合，一定要具有一种符合整个作品风格的风格倾向，形成总体的情调和感情倾向，不能各种文字自成一种风格。总的基调应该是整体上的协调和局部的对比，于统一之中又具有灵动的变化，从而具有对比和谐的效果。除了以统一文字个性的方法来达到设计的基调外，也可以从方向性上来形成文字统一的基调，以及色彩方面的心理感觉来达到统一基调的效果等。

3. 文字的层次布局

在平面广告中，要传达的信息也是有主次的，视觉营销的一个重要作用就是指引受众阅读广告时的浏览顺序。如图1-34所示的广告图，虽然只采用了一种字体，但却呈现了多姿多彩的感觉。应用字号的大小组合，巨大的数字"558"突出折扣的力度，突出重点又富有层次感，让顾客一目了然广告的核心信息。"马上点"三个字类似按钮，还含有暗示用户点击的意味。

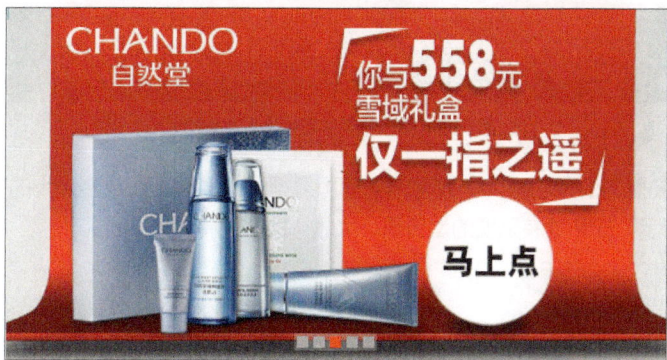

图1-34　字体的层次布局

4. 文字的区别和统一

在字体编排时，文字的字体、大小、颜色在搭配组合上会让受众有一种关联的感觉，排列在一起的字体间的对比是至关重要的，通常的做法是通过改变字重（如细对粗）、字宽、字体样式（无衬线字对有衬线字或创意体）来形成整体对比。如图1-35所示的广告图，多种字体搭配组合、错落有致，字号大小呼应，同时结合不同文字的颜色，传达视觉重点，让客户第一时间了解海报所要传达的主要信息。

图1-35　字体大小、颜色的组合

5. 字体与风格的搭配

淘宝品牌众多，每个品牌都各有风格，不同风格的产品和广告需要搭配不同的字体。对于时尚潮人，我们多采用无衬线字体，如图1-36所示，如黑体、雅黑、粗黑等，因为黑体简洁流畅，和年轻潮人洒脱自如的生活态度有些相似。

图1-36 简洁流畅的黑体类字体搭配

对于有着成熟魅力的成功人士，大标宋体笔画显得沉着稳重，和成熟人士的处事特点相得益彰，如图1-37所示，成熟男装呈现的是稳重、大气、简洁的特点。

图1-37 稳重大气的宋体类字体搭配

对于成熟女性，适当应用英文字体组合，可以有一种雍容华贵的感觉，所以英文字体在需要体现产品品质的广告中非常常见。图1-38所示的海报带有欧式风格的字体和装饰，结合模特的产品展示，体现品质的同时，给人一种欧式古典美。

图1-38 体现品质的英文字体搭配

对于普通的日韩潮流女装，需要表现出活泼、时尚的特点，可以将一些大小不同的宋体类、黑体类字体组合使用，如图1-39所示。

图1-39 各风格字体组合搭配

1.2.3 视觉构图

在设计时，根据题材和主题思想的要求，把要表现的形象适当地组织起来，构成一个协调的完整的画面称为构图。

1. 中心构图

画面中间位置放置主元素，这样的构图能给人稳定、庄重的感觉，比较适合表现对称式构图，可以产生中心透视效果。为了避免构图的呆板，可以在细节上添加点缀设计，使画面有所变化，如图1-40所示。

图1-40 中心构图

2. 九宫格构图

九宫格构图也叫井字构图，将整个画面在横、竖方向各用两条直线分割成等份的三部分，形成一个"井"字，将主体放置在任意直线的交点上，或者任意一条直线上，这种构图给人以和谐美感，使画面富有活力，如图1-41所示。

图1-41 九宫格构图

3. 对角线构图

对角线构图把主体安排在对角线上，能有效利用画面对角线的长度，同时也能使陪体与主体发生直接关系。这种构图富于动感，显得活泼，容易产生线条的汇聚趋势，吸引人的视线，达到突出主体的效果，如图1-42所示。

图1-42 对角线构图

4. 三角形构图

三角形构图具有均衡、灵活的特点，如图1-43所示。这里的三角可以是正三角形，也可以是斜三角形或倒三角形。

图1-43　三角形构图

5. 黄金分割构图

黄金分割是指将整体一分为二，较大部分与整体部分的比值等于较小部分与较大部分的比值，其比值约为0.618，如图1-44所示。这个比例被公认为是最能引起美感的比例，因此被称为黄金分割。黄金分割具有严格的比例性、艺术性、和谐性，蕴藏着丰富的美学价值。图1-45所示的构图中，主体包包正是处于画面的黄金分割位置上。

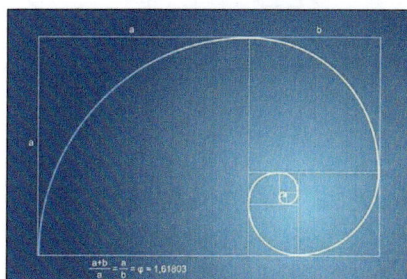

图1-44　黄金分割

图1-45　黄金分割构图

1.3 淘宝视觉营销价值

视觉是一切购买的前提，在淘宝上开店，需要对实物产品进行信息化处理，并通过图片和文字结合的方式进行呈现，最终要达成交易目的。

视觉营销的最终目的就是提高销售额，作为卖家一定要知道这个公式：销售额=流量×转化率×客单价，如图1-46所示。

图1-46 销售额公式

1.3.1 视觉设计引导流量

所有买家在购物的时候都有一个同样的流程：产品进入视线——信息传递到大脑——产生购买欲望——形成购买。同一页列表中有多个商品，买家会因为种种原因过滤或者忽略一些商品只观察个别商品。对于宝贝描述中的商品信息，买家也同样会滤掉某些内容，筛选出重点查看。

1. 单向型

单向型是通过竖向、横向和斜向的引导，将信息一一传达给顾客，使顾客更加明确地了解店铺。竖向布局可以产生稳定感，条理清晰，如图1-47所示。横向布局符合人们的阅读习惯，条理性强；斜线布局可以使画面产生强烈的动感，增强了视觉吸引力。

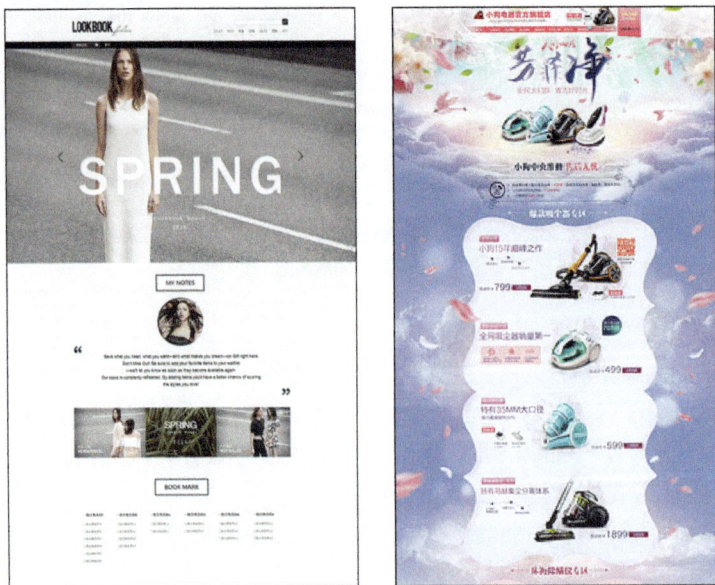

图1-47 竖向布局

2. 曲线型

S形的曲线布局是网店装修中较常见的一种布局，将版面按照S形曲线流程进行排列，不但可以产生一定的韵律感，而且可以形成视觉牵引力，让顾客的视线随着曲线进行移动，从而引导消费，如图1-48所示。

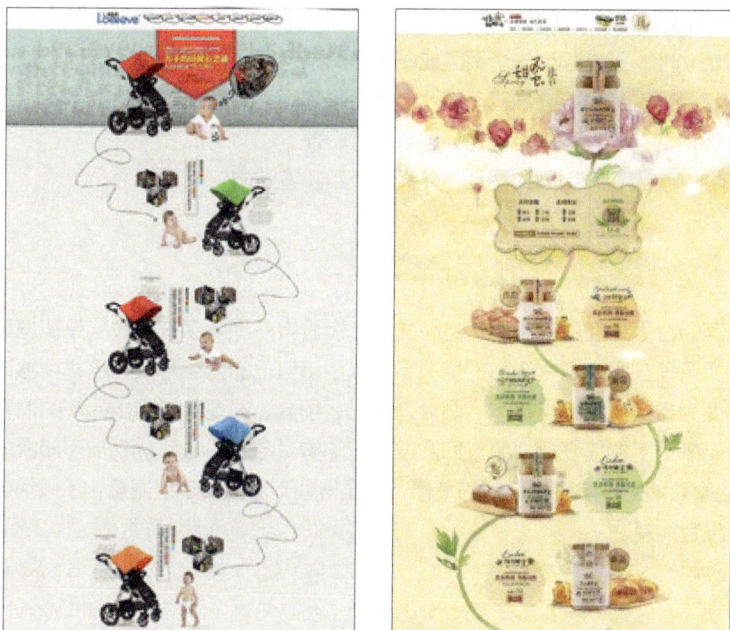

图1-48 曲线布局

1.3.2 视觉设计提高转化率

淘宝转化率，是所有到达淘宝店铺并产生购买行为的人数和所有到达你的店铺的人数的比率。

视觉营销的作用是为了多吸引顾客的关注从而提升店铺的流量，并且刺激其购物欲望从而使目标流量转变为有效流量。一个完美视觉方案不能仅用新、奇、特来吸引客户的注意力，好的商品描述页还能吸引客户认真细看，直至让其心动购买。此外，好的店铺路径、适当的店内广告位以及必要的关联营销等也为客单价的提高提供了机会。

视觉营销是通过视觉设计让顾客对图片和商品产生兴趣，从而继续往下看，点击更多商品，有效提升转化率。

如图1-49所示中的"我要美"购买按钮引导消费者点击购买，是提升转化率的关键。

图1-49 特色购买按钮

提高转化率需要注意几个方面。

● 具有营销功能：能够起到一个页面或一张图的营销作用，否则就是华而不实的空架子。

● 没有传递障碍：信息能够准确无误地传递给顾客，丢失率少。

● 符合顾客的购物心理和浏览行为：迎合顾客心理。

● 有吸引力：使用有吸引力的图片、元素，吸引顾客点击。

1.3.3　视觉设计传达品牌文化

视觉是无声的言语，经过视觉传达品牌文化，指导客户深入了解品牌，是视觉最主要的价值所在。好的视觉营销在吸引别人眼球的情况下可以塑造自己的网店形象，这样能够让使店铺的有效流量再次转变为忠实流量。当标志、图片、产品、橱窗、布局等营造出品牌的消费意境和情调时，会给客户带来更多的信任感，会立即激发客户的购买欲望，从而达到加深印象的效果。如图1-50所示的这家店铺，没有经过任何的装修，就显得很不专业和缺乏诚意，所以很难引起消费者的信任，几乎没有销量。

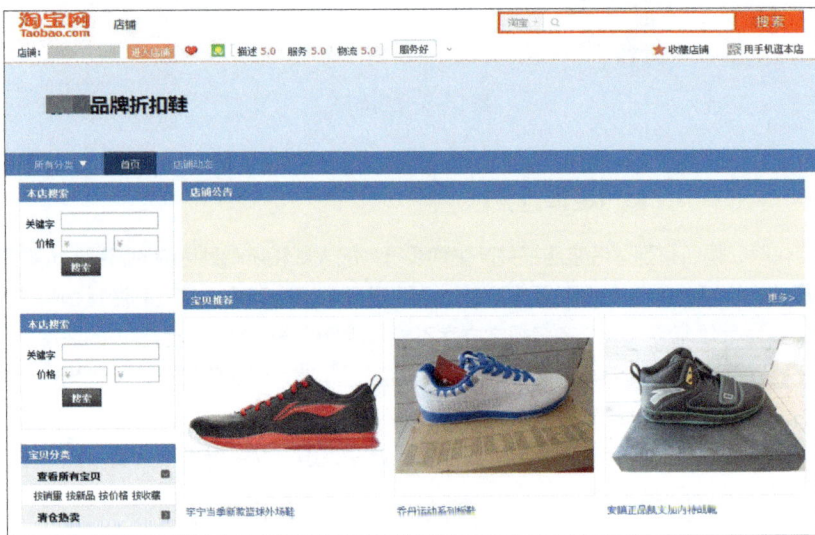

图1-50 没有装修过的店铺

1.4 视觉营销设计的体现

买家从浏览商品或点击广告到进入店铺，再到购买，在这样一个过程中视觉营销作用十分重要，下面介绍视觉营销设计在这些流程中的体现。

1.4.1　商品体现

在商品搜索页面中成功的图片会吸引人点击，带来流量，而失败的图片不仅不能带来点击量，甚至可能吓跑顾客。

1. 失败的主图设计

　　很多卖家想通过主图体现更多的信息，在主图上写上满满的促销文字，甚至遮盖了商品主体，如图1-51所示。这样的主图设计可能会获得部分点击，但无论是从美观度还是专业度上看，它都无法提升商品的视觉价值，还影响了买家的消费体验。这样的营销可以说是失败的。

图1-51 失败的主图设计

2. 商品图视觉营销设计的体现

　　主图是让浏览者从外部进入店铺的图片，主图只有主体明确，才可能符合消费者的需求。

■ 突出主体

　　视觉营销设计的体现之一在于突出主体。主体的突出需要从以下几点表现。

　　● 使用合适的背景：商品主图无论是在室内还是室外拍摄的，切记用杂乱的背景。最简单的方法是使用纯色背景，或简单的背景花纹，如图1-52所示。另外，使用场景化的背景能更好地突出主产品的用途，更切合实际。为更好地突出主体，可对场景进行适度的虚化，如图1-53所示。

图1-52 纯色背景

图1-53 虚化场景背景

● **裁剪主体区域**：如上衣、裤子、鞋子、包包这些单一的商品，在模特实拍图上需要裁剪出该区域，如图1-54所示。若不裁剪，则会给人以错误信息。在如图1-55所示中，在不看商品名称的情况下我们根本不知道所售的是套装还是上衣。

¥68.00 包邮   11人付款
2015秋装新款韩版格子衬衫女长袖短款打底上衣修身女式白色衬衣潮

图1-54 裁剪主体   图1-55 未裁剪的模特图

● **体现丰富样式**：将多个不同图案，不同颜色的同款产品摆放在一起，通常能更好、更全面地展示商品信息，如图1-56所示。

图1-56 体现丰富样式

■ **品牌宣传**

在设计商品图时，为打造品牌，强化浏览者的记忆，一般在主图左上角添加品牌Logo，店铺名称等，如图1-57所示。

图1-57 主图添加品牌Logo

■ **挖掘卖点**

促销信息、商品特色等卖点可以在主图中体现，但需要精简文字，且不能遮盖主体，如图 1-58 所示。

图1-58　主图卖点

1.4.2　店铺体现

视觉营销设计在店铺中主要体现在首页、活动页及详情页。

1. 失败的案例

部分店铺没有对首页进行任何装修，仅展示商品信息，给人低廉的感觉，如图1-59所示。还有些店铺甚至在首页充斥着大片大片的说明文字，让人觉得杂乱不堪，不滚动屏幕甚至不知道该店铺到底是卖什么的，如图1-60所示。

图1-59　首页仅展示商品

图1-60　首页充斥说明文字

2. 店铺页面的视觉营销体现

充分利用店铺的装修功能，是店铺视觉设计的第一步。店铺的视觉营销设计主要体现如下。

首页体现：首页的功能是引导浏览者找到需要的商品；通过首页的整体风格让消费者对店铺品牌有所了解和认同；首页的海报、广告引导消费者进入相应的活动页面，如图1-61所示。

活动页体现：活动页通过营造活动氛围，介绍活动内容，展示活动产品，引导消费者点击参与，如图1-62所示。

详情页体现：详情页通过页面设计，展示商品基本信息、卖点、详情等，让顾客了解商品并产生购买，如图1-63所示。

图1-61 首页体现

图1-62 活动页体现

图1-63 详情页体现

1.4.3 广告体现

在促销海报中，优秀的视觉设计能将消费者的视觉重点引导至广告主题上，给人点击的欲望。

广告图大致分为两种，一种是店外广告图，这类广告一般需要付费，如图1-64所示的钻展图。还有一种是店内广告图，如首页的轮播海报，详情页的广告等，如图1-65所示。

图1-64 店外广告

图1-65 店内广告

1. 失败的广告设计

信息过多过杂，不能第一眼看到主题，如图1-66所示。

图1-66 信息过杂的设计

广告缺乏主题，买家不知道广告到底要表达何种意思，浪费了店铺的黄金位置，如图1-67所示。

图1-67 缺失主题的设计

2. 广告图视觉营销设计的体现

视觉营销设计在广告图上的体现如下。

● **广告词**：广告词也就是文案，文案不在多，而在精。文案需要吸引人，而在淘宝上人们最关注的是折扣信息，相应的词汇有大促、5折、周年庆等；以及材质、功效信息，相应的词汇有牛皮、纯棉、防晒、补水等。这些广告词能迅速抓住浏览者眼球，并实现营销目标，如图1-68所示。

图1-68 吸引人的广告词

● **夸张手法**：以夸张的形象吸引眼球，如图1-69所示。

图1-69 夸张手法

● **商品特色**：广告图体现商品的特色，如大码、纯棉、超薄等信息能引人关注，如图1-70所示。

图1-70 商品特色

● **品牌展示**：不同店铺有其品牌特色，店铺内的广告图一般符合店铺的特色，如图1-71所示。

图1-71 品牌展示

第**2**章

店铺图片营销设计

一个淘宝店铺从开张到装修，再到运营需要设计很多相关的图片，如店标、主图、钻展等，这些图都是视觉营销的一部分，如何充分利用这些店铺图是本章将介绍的内容。

2.1 店标案例分析

　　店标是店铺的缩影，是体现店铺品牌文化与特色的标志，在搜索店铺时显示的就是店标，店标还会在手机店铺首页显示，如图2-1所示。

图2-1 店标展示

2.1.1 不同行业店标分析

1. 女性相关

　　女性相关的行业和类目，如女装、护肤品等店铺店标表现出女性的柔美、娇媚，从颜色、文字字体、图案等多方面体现，如图2-2所示。文字做圆润、柔滑、拖尾等处理是最直接的手法，而在颜色上，粉色与红色应用最多，绿色、蓝色与紫色其次。

图2-2 女性相关

2. 男性相关

　　男性相关的行业和类目，如男装、男鞋等店铺，要展现男性的阳刚、力量，如图2-3所示。字体应刚硬、棱角分明；颜色多以黑白灰为主，其次为蓝色、大红、深红色系列。

图2-3 男性相关

3. 婴幼相关

婴幼相关的行业和类目，如童装、辅食等店铺，图案以卡通、动物为主，颜色以明快、鲜亮为主，以求活泼可爱，如图2-4所示。

图2-4　婴幼相关

2.1.2　成功与失败案例的分析

店标设计应合理搭配颜色，实现店铺优势最大化，能清楚地体现出目标群体的需求。下面分析成功与失败的案例，帮助大家总结如何设计店标。

1. 成功案例的分析

成功的店招有着自己店铺的特色，与店铺名称、商品相呼应。图2-5所示同为"果然不错"的店标，第一个卡通形象与文字设计相映成趣，能加深顾客的印象；第二个就感觉不如第一个有档次，店标中有两组文字，容易使人混乱。

图2-5　案例对比

图2-6所示是根据店铺的名称制作的店标，倒着的福字能一眼就被识别，并且不需要刻意记住店名，就能通过店标联想到店铺名称。

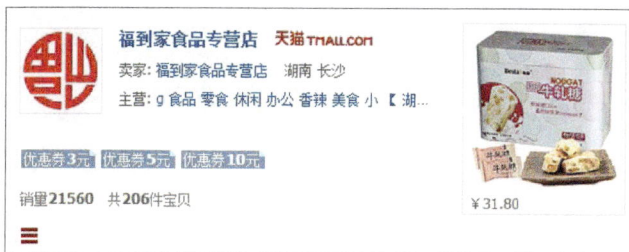

图2-6　根据店铺名称制作的店标

2. 失败案例的分析

下面以失败的案例分析哪些店标需要优化。

● **内容不符**：店标内容与产品内容不符，产生误导，如图2-7所示。

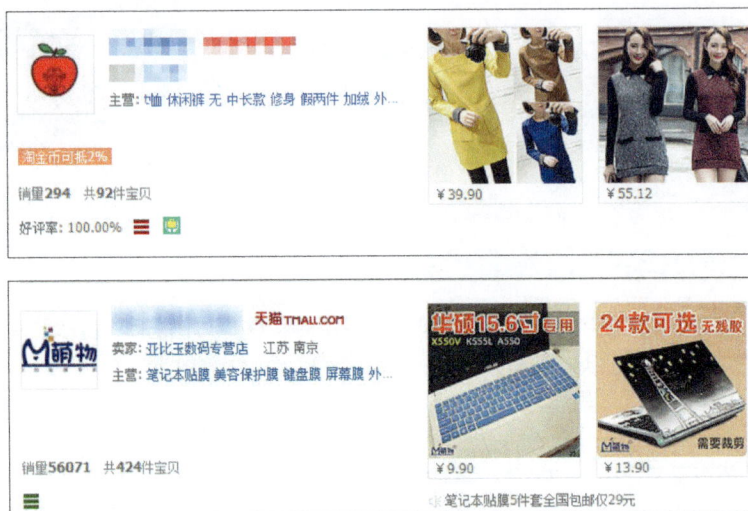

图2-7 店标内容与产品内容不符

● **没有意义**：文字图案毫无意义，让人无法记住，如图2-8所示。

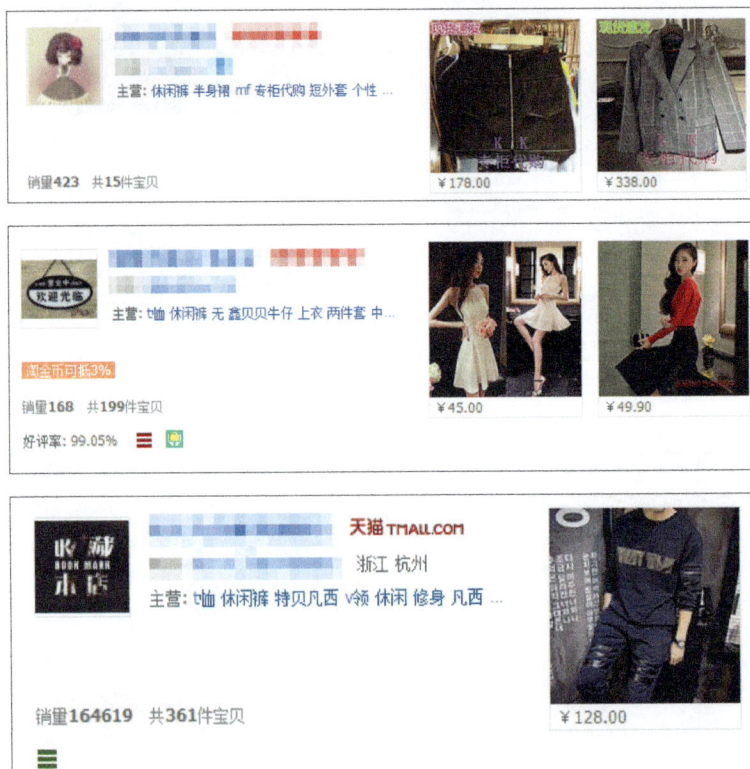

图2-8 文字图案没有意义

● **排版不合理**：在设计店标时文字与图案排版不合理，以及文字太多，不能让人一眼辨别店标的全部内容，如图2-9所示。

图2-9 文字与图案排版不合理

● **模糊不清**：对文字进行了复杂的处理，使人难以看清文字内容，如图2-10所示。

图2-10 文字内容模糊不清

2.2 店标营销设计

店标作为一个店铺的形象参考，给人的感觉是最直观的。店标可以代表着店铺的风格、店主的品位、产品的特性，还可起到宣传的作用。

2.2.1 视觉营销表现

店标根据其内容分为三种：纯文字店标、纯图案店标、图文组合店标。

1. 纯文字店标

店标主要是以文字和拼音字母等元素单独构成，适用于多种传播方式，在淘宝品牌店铺中应用很广泛，如图2-11所示。

图2-11 纯文字店标

2. 纯图案店标

顾名思义，仅用图形构成标志。这种标志色彩明快，比较形象生动，且不受语言限制，非常易于识别。但图案标志没有名称，因此表意又不如文字标志准确，如图2-12所示。

图2-12 纯图案店标

3. 图文组合店标

图文组合店标就是指由文字和图案组合而成的标志。这种标志结合了文字及图案标志的优点，图文并茂，形象生动，又易于识别，如图2-13所示。

图2-13 图文组合的店标

2.2.2 设计形态

店标的设计形态有两种，即静态店标和动态店标。静态店标是最常见的店标，如图2-14所示。动态店标在搜索页面时显示的内容更全更多。为了在较小的区域内显示更多的内容，很多卖家都会用到动态店标，即一个店标在两个图片之间切换展示。

图2-14　静态店标

2.2.3　店标设计要点

● **店铺名相关**：在制作店标前，需要给店铺起一个朗朗上口、独特好记的店铺名，然后根据店铺名制作店标，如图2-15所示。

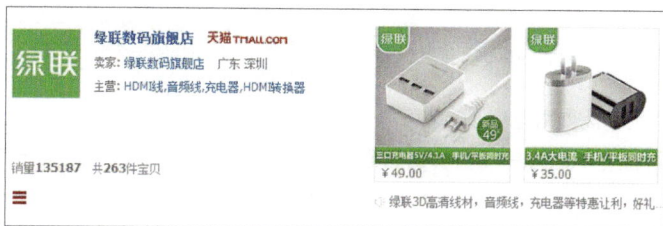

图2-15　店铺名相关

● **品牌相关**：根据店铺相关的商品品牌制作店标。但需要注意的是要与其他同品牌店铺区分，不要出现图2-16中所示的多家店铺使用同一品牌店标的情况。

图2-16　品牌相关

● **产品相关**：根据店铺的产品制作店招，如图2-17所示的店铺，店内主要商品为玩具，店标则使用了木马，与产品相符。

图2-17 产品相关

● **信誉相关**：如图2-18所示，将店铺的信誉放置在店招上，可以快速建立信任感。

图2-18 信誉相关

2.2.4 设计店标需要考虑的因素

一个店标设计前，需要考虑以下几点。

● **能否说明产品？** 从店标中能否看出店铺卖的什么：一个店标需要与产品相关联，这是首先需要考虑的。

● **能否说明人群？** 卖给什么人：根据对应的消费人群设计相应的店标，人群界定清楚了，才有设计的方向，如卖童装的不能用暗沉的深色。

● **能不能代表自己的店铺？** 和其他店铺差异的地方：设计的店标要有自己的特色，以与其他同品牌或类似品牌有所区别。

● **是否容易传播？** 你的店标是否能够一眼看懂，文字是否清晰可辨，颜色、尺寸是否合适，能不能用在各种地方，这都是需要考虑的。

2.2.5 店铺名称

淘宝店铺名字优化对于网店来说是至关重要的一步，好的店铺名能让人一次就记住。店铺名是可以随意修改的，一般店铺名只能容纳30个字，卖家可以根据不同情况任意更换店铺名。

● **简短易记**：淘宝新规则中，在淘宝搜索框内@店铺名字可以直接到达卖家店铺，因此一个简短易记的店铺名字是十分重要的。

● **功能名**：一般的店铺名会由品牌名、功能名和诱惑名三个部分组成，品牌名一般都是旺旺会员名，这里重点介绍功能名。功能名起到关键词和介绍店铺经营范围的作用，就是要让买家一看就知道你的店铺里经营的产品类型是什么，并且功能名关键词还能获得精准的搜索流量。例如，某店的功能名取的就是"创意家居用品"，当买家搜索"家居用品"等关键词时，店铺就会显示在搜索结果中。

● **遵循淘宝规则**：选择店铺名，一定要遵守淘宝的规则，不然就很容易受到淘宝处罚。例如，淘宝规定不能使用带有"淘宝授权""淘宝网特许"等含义的字词；不能出现色情、暴力等违反法律的字词；也不允许出现不真实的文字描述，例如，非商盟的店铺就不允许在店铺名中借用商盟品牌来进行宣传。

2.3 商品主图营销设计

在搜索商品时，我们看到的就是商品主图，主图在很大程度上影响了顾客的关注与点击。

2.3.1 主图的营销体现

我们发现，在搜索关键词后生成的页面中，浏览商品，先是看到了心仪的商品，这时才会去关注商品的价格、购买人数、商品品牌等附属信息。这也就说明了产生点击的第一核心要素是商品主图，因为主图体现着产品的款式、风格、颜色等多个特征，这些特征直接影响消费者对产品的喜好程度，如图2-19所示。

图2-19 搜索页面中的主图

2.3.2 主图营销设计

主图虽然只是小小的商品图，但它的设计也要实现最大化营销。

1. 素材的选择

● **清晰整洁**：在主图的素材选择中，清晰整洁是一张主图的首要条件，模糊脏乱的图片不仅影响顾客的视觉体验，还影响了商品的价值体现。如图2-20所示，中间的主图和两边的相差甚大，产品就好像是低廉的地摊货。

图2-20 主图要清晰整洁

● **曝光正确**：正确曝光的图片是指在光线合适、没有逆光的情况下拍摄的图片，这样图片的色彩比较符合实际颜色。若采用了曝光不足或曝光过度的照片，造成商品图与实物颜色相差偏大，会引发售后纠纷的问题。图2-21所示的两张主图的曝光都不正常，我们无法辨认出商品的实际颜色。

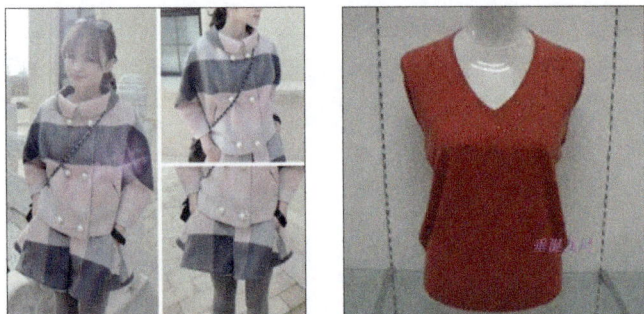
图2-21 曝光不正常的主图

● **尺寸合适**：不合适的尺寸在搜索页面中的小框左右会出现白边，与其他图片相比，十分不美观，如图2-22所示。另外，详情页中主图有放大功能，为了方便消费者更加清晰地查看商品主图的细节情况，一般都采用800×800像素以上的图片。只有商品图片达到了要求的像素后，才可以使用放大功能，如图2-23所示。

● **商品的完整**：商品主图中的商品需要是完整的，较大的图片需要裁剪到合适的大小，以显示出主体部分。

图2-22 尺寸不合适

图2-23 放大功能

2. 构图

对于小件商品，进行构图后的主图能使画面更丰富。下面是几种不同的构图方法。

● **直线式构图**：商品的形状规则，可以通过直线排列整齐美观地展现出商品，如图2-24所示。这样的构图将商品的不同颜色、款式、大小通过并列展示给顾客，增加了选择性。

图2-24 直线式构图

● **三角形构图**：三角形构图适合有一定规则的商品，如图2-25所示。多个商品形成的三角陈列有稳定、均衡的特点，也能给人商品样式丰富的感觉。

图2-25 三角形构图

● **对角线构图**：对角线构图将商品以对角线的形式排列，这样更能体现商品的立体感、延伸感和动感，如图2-26所示。对角线的延伸带给顾客很强的视觉冲击力。

图2-26 对角线构图

● **辐射式构图**：辐射式构图是商品呈反射性发散排列，如图2-27所示。这种构图可以增强画面的张力，视觉冲击强。

图2-27 辐射式构图

提示
Tips

还有一种构图，框架式构图，将商品的多个颜色分别框出。这种构图不建议用于主图，由于主图的尺寸小，过多的图片给人杂乱、品质低廉的感觉，如图2-28所示。

图2-28 框架式构图

2.3.3　主图案例分析

下面通过几个案例分析，总结出主图设计需要注意的问题。

案例1：场景化的优势

图2-29所示的两张图，一张背景是白底，另一张背景是室内客厅。很显然，第一张图片远不如第二张吸引人。这是因为，当我们单独看第一张图片时，无法联想到它放置在室内的效果，无法知道它适不适合自己家的装修风格。而第二张图通过场景展示，能够降低消费者的疑虑。

图2-29 背景不同的两张主图

对于很多商品来说，单纯展示商品会显得单调。如服装，平铺图往往不如模特实拍图效果好，这是因为消费者只有看到了模特的穿戴，才会联想到自己的穿着效果，并且根据自己的身型、风格来判断是否合适，或者咨询客服有没有其他颜色、款式等。

因此商品的场景化展示是存在很大优势的，当然选择场景时不能过于花哨，要能与商品合理搭配，将商品放置在相应的场景中，也说明了该商品的用途。如图2-30所示，第一张图感觉商品像碗又像调料盒，当把它放置在合适的场景中后则一目了然了。

图2-30 说明商品的用途

案例2：品牌宣传

如图2-31所示，现在淘宝的同款商品越来越多，同质化导致消费者很难记住这些商品对应的店铺。只有树立品牌，才能让顾客对自己的产品加深印象，而避免流失潜在的客户。

图2-31 同款商品

　　将品牌Logo添加到主图进行标识，不仅能在展示商品的同时展示品牌，也能加深顾客的品牌印象。对于类似风格的商品，通过Logo也更加容易识别。新顾客也更愿意相信品牌商品，也就提升了商品的竞争力。如图2-32所示，第一个和第三个图更容易记忆。

图2-32 品牌标识

案例3：质感的表现

　　如图2-33所示的三张主图中，哪张更吸引人？显然是第一张，而第三张更像劣质商品。为什么同款商品，三张不同的图给人的感觉差异这么大。这是因为这三张主图都是玉器翡翠类，而第一张图通过黑色的背景，很好地体现了翡翠的通透感，将其材质的色泽真实地还原，更容易吸引顾客的关注，自然点击率也会高一些。第三张图颜色偏暗，毫无质感可言，这样的图片给人不好的感觉，容易让人对它的品质产生质疑，显然是一张失败的主图。

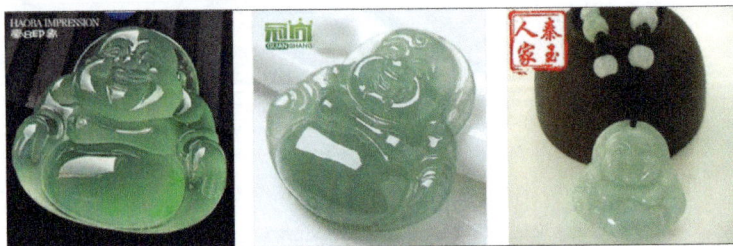

图2-33 质感的表现

　　从上面的图中我们得出，主图视觉展现的重要性，只有好的主图才能将商品的特点更好地传达给客户，才能体现出商品的价值。质感通过视觉表现，也通过视觉给人以心理暗示。

2.4 钻展图营销设计

　　钻展全称钻石展位，是淘宝为卖家提供的一种营销工具，主要是依靠图片创意吸引买家点击，获得超大流量。

2.4.1　钻展图案例分析

　　了解钻展的人都知道钻展是按时段和展现人次收费的，所以图片设计的好坏决定了点击率的多少，也决定了广告的盈亏。

1. 失败的案例

　　过多的干扰信息：图2-34所示的钻展图给我们的第一感觉是文字多，画面感觉很挤，左右两侧的红色文字分散了注意力，左下角的拖把布明显多余，"全场包邮"四个字用了三个颜色，整个页面给人的视觉体验不好。修改建议是将"升级不锈钢甩水蓝，不锈钢圆盘+出水口"删除，右下角的文字提到左侧，四个拖把布不要，"全场包邮"四个字水平排列，缩小字体，统一用灰色。

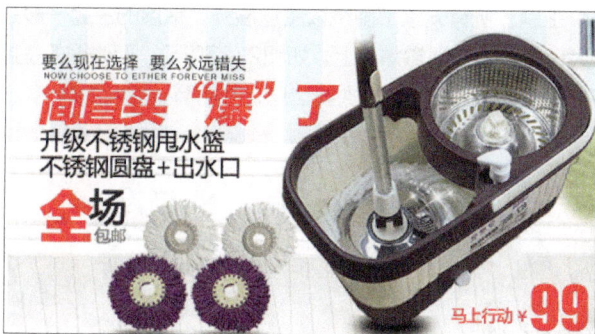

图2-34　过多的干扰信息

2. 成功的案例

　　图2-35所示的钻展图主题明确，颜色搭配合理，价格信息放置在视觉中心最醒目的位置，立体感的按钮对顾客产生心理暗示，起到了很好的引导作用。

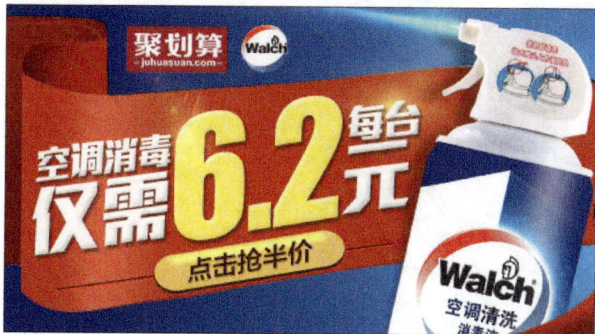

图2-35　主题明确

图2-36所示的钻展图的构图、配色、主题都把握得很好，最重要的是使用颜色和其他细节将大促的气氛营造了出来。

图2-36 表现气氛

2.4.2 钻展图设计要点

钻展图做到有效的视觉传达，有以下几点。

1. 突出主题

钻展图必须有一个主题，所有元素都围绕该主题展开，钻展的主题一般是价格、折扣、上新等，将主题突出、放大，并放置在视觉焦点上。如图2-37所示，两张图的主题都很明确，而"周五晚8点底价开抢"和"8.13至8.15"两个次要信息，都用箭头指向主题。

图2-37 突出主题

2. 目标明确

　　不同的目标人群审美标准不同，而钻展图一般表现在颜色、字体和细节上。图2-38所示的图中主要文字信息为"七夕示爱神器"，说明了面对的目标为年轻人，而采用浅蓝、粉红气球等元素都符合年轻人的审美观。

图2-38 目标明确

　　对于有模特的钻展图，需要注意模特与目标人群的吻合，与产品的吻合，如图2-39所示。顾客会把自己想象成画面上的模特，这是心理学上的投射效应。因此，在选择模特时要选择符合目标人群的心理期望年龄的模特，如符合四十岁人群的产品，模特要选三十岁的，这是由于他们期望自己比实际年龄年轻。

图2-39 模特与目标人群的吻合

3. 信息分层

　　钻展图的内容要根据重要程度按层次来制作，信息分层更容易抓住重点。图2-40中所示的折扣、产品作为主要信息，是第一、二层；背景中的月亮、云朵都是次要信息，起到暗示作用，是第三层。

图2-40 信息分层

4. 钻展图布局

不同位置的钻展尺寸不同，但大致可以分为正方形和长方形两种。下面介绍相应的布局。

● **正方形图**：正方形图布局一般为左右布局，一侧为模特图或产品图，另一侧则为文字信息，如图2-41所示。

图2-41 正方形图

● **长方形图**：长方形图布局有三种，第一种是右侧为图片，左侧为信息；第二种是左右两侧为图片，中间部分为文字；第三种是上下两侧为图片，中间为文字，如图2-42所示。

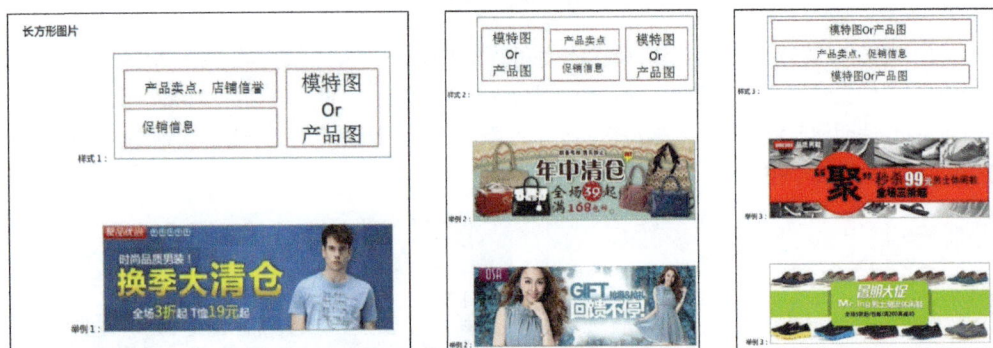

图2-42 长方形图

2.5 直通车图与聚划算图设计

直通车与聚划算图的视觉效果也是不容忽视的。下面对这两个活动图进行介绍。

2.5.1 直通车图设计

顾客从直通车展位上最先看到的就是图片，直通车图的好坏极大程度上影响了点击率。好的直通车图才能获得更多点击与转化。下面介绍直通车图设计的技巧。

合适的背景：为了突出产品，在设计时选择合适的背景颜色，避免背景颜色杂乱。对于场景图可以进行模糊处理，如图2-43所示。

图2-43 背景的模糊处理

● **精简文字：** 很多卖家想在直通车图上尽可能地的多放些信息，而图片上文字过多，表达的信息过多，会给人眼花缭乱的感觉，如图2-44所示。在制作直通车图时需要分析商品与目标消费群体，提炼出最重要的信息予以展示。文字展示时需要注意颜色、大小、布局。如图2-45所示，两张图中第二张更专业，给人品质更好、更信赖的感觉。

图2-44 精简文字

图2-45 文字展示

● **素材搭配：** 制作商品图时小的搭配往往能起到意想不到的作用，如图2-46所示，图中为了表现"柴火饭"，使用了柴火的素材，又添加了热气和气泡达到煮饭的效果。通过拉丝的背景突出了电饭煲的材质。通过素材表明了特色，给顾客最直观的感受。

图2-46 素材搭配

2.5.2 聚划算图设计

一幅好图要有一个鲜明的主题，或是表现一个人，或是表现一件物。主题必须明确，毫不含糊，要使消费者的目光一下子就投向被摄主体，一眼就能看出商品；画面必须简洁，只包括那些有利于把视线引向被摄主体的内容，排除或压缩那些可能分散注意力的内容。

图片的主要原则是清楚展现商品外形。其他要求如下。

1. Logo区块

产品图上必须放品牌Logo，统一放置在画面左上角。

● **Logo位置**：Logo最左侧和最上方均离产品图片左侧和上方60像素。

● **Logo显示尺寸**：最宽不超180像素，最高不超120像素，如图2-47所示。

● **Logo显示要求**：不出现店铺名称、产品定位、营销文案等信息。

图2-47 Logo显示尺寸要求

2. 商品图

● 商品图片居中放置，有模特的不可截掉头部，安全区域的像素为800×480像素（产品图尺寸为960×640像素），如图2-48所示。

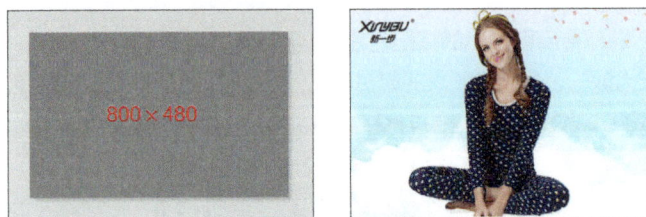

图2-48 商品图要求

● **商品图片角度**：以展示商品全貌为最佳，如图2-49所示。

图2-49 商品角度要求

● **商品图数量：**同款式不要超过2件（量贩团、套件商品除外），如图2-50所示。

图2-50 商品数量要求

● 商品图片内禁止出现任何营销文案、自制标签，如图2-51所示。

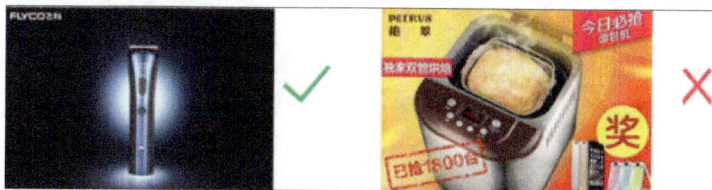

图2-51 禁止文案标签

● 商品图必须主次分明，如图2-52所示。

正确的　　　　　　　　　　　　　　　　　　错误的

图2-52 主次分明

● 商品图片买赠区，用统一样式，只能出现一个且形状、位置、大小、颜色均不可改变，如图2-53所示。

图2-53 买赠区样式统一

3. 商品图背景

● 建议使用单色背景或者同一色调，如图2-54所示。

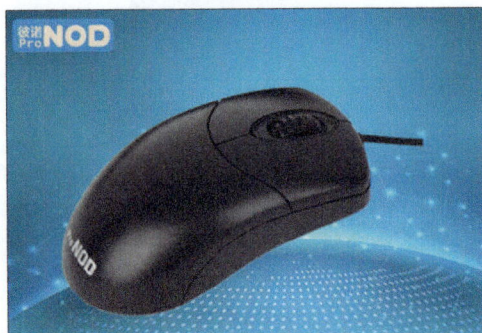

图2-54 使用单色背景

● 如有场景图，必须模糊化处理，如图2-55所示。

图2-55 场景图模糊处理

● 不能在背景上添加任何形式的自制标签以及产品特点、营销利益点等文字信息，如图2-56所示。

图2-56 背景上不能添加文字

第 3 章

店铺首页视觉营销

淘宝店铺首页，作为一个淘宝店铺形象展示窗口，其装修的好坏，可以直接影响到店铺品牌宣传以及买家的购物体验，最后影响的还是店铺的转化率。因此，在进行店铺装修时只有将营销和视觉体验相结合，才能引起消费者的欲望，从而促成转化率。

3.1 首页展示效果

首页的展示就如同实体店铺中的陈列，通过视觉、氛围、商品、服务，使顾客对店铺有初步直观的了解。

3.1.1 首页展示方式

在淘宝店铺中应用较多的是场景展示效果，模拟商品陈列货架，将每个商品都清晰地展示出来，和超市和陈列馆相似，这种展示效果能将商品全部展示出来，清楚明了，如图3-1所示。

图3-1 场景展示效果

另外是情景展示，就是将店铺布置成某一个情景，直观展示商品的真实使用效果，如图3-2所示。相比之下，这种展示效果更能引起顾客的共鸣。

图3-2 情景展示

3.1.2　店铺的视觉传达

网店商品与线下商品的展现方式不同，视觉传达效果也不同。

若是不使用模特的商品，实体店与网店的展示方式类似，将商品进行整齐地陈列展示，如图3-3所示。实体店铺中的展柜、灯光以及空间感给人的感觉更高档些，对比之下，网店中最常见的展示方式显得直叙没有情调。

图3-3　整齐的陈列展示

若是使用模特的商品展示则又有所不同。如图3-4所示，线下和线上店铺都使用了模特展示服装，都可以看到服饰的上身效果，更容易吸引购买。但由于线下店铺为假人模特，脸部等部位都进行了弱化处理，这样更容易将顾客的关注点吸引到模特身上的服装。而网店中使用的真人模特，一方面更为真实、有亲和力，顾客更容易从中产生场景联想，比较接近真实生活；另一方面顾客很容易将目光分散到模特的长相、表情、动作上。

图3-4　模特展示服装

3.2　首页色彩与营销的关系

色彩是视觉中最重要的一环，我们很远看到一个画面，吸引我们的往往不是画面内容，而是它的颜色布局。在页面设计中，一定要根据设计对象、目的的不同，合理安排色彩的使用范围，色彩处理得好可以使页面锦上添花，达到事半功倍的效果。

3.2.1　颜色与营销

网店的颜色是视觉营销中不可忽视的环节。

1. 店铺配色误区

网店装修对促进销售有很大作用，越来越多的卖家也认识到这点。在装修的时候千万注意颜色的运用及色彩搭配，不合理的搭配反而会造成负面的影响。

■ 背景和文字内容对比不强烈

人眼识别色彩的能力有一定的限度，由于色的同化作用，色与色之间对比强者易分辨，弱者难分辨。背景与文字内容对比不强烈、文字内容没法突出、灰暗的背景令人沮丧，甚至用花纹繁复的图案作背景，都是卖家在网店装修时常常出现的误区。如图3-5所示的网店页面，背景和文字颜色对比不强烈，不容易看清晰。

图3-5 背景与文字内容对比不强烈

■ 色彩过多

合理地使用色彩可以使页面变得鲜艳生动富有活力，但色彩数量的增加并不能与页面的表现力成正比，多种色彩的同时反而令人眼花缭乱，造成版面复杂混乱的视觉效果，对买家理解获取信息毫无帮助，反而可能带来副作用。

不要将所有颜色都用到，尽量控制在3~5种色彩以内。要有一种主色贯穿其中，主色不一定完全是面积最大的颜色，也可以是最重要、最能揭示和反映主题的颜色。

■ 过分强调色彩的刺激度

在生活中我们会感觉到某些颜色很刺眼，看起来比较累，因此，页面用色要尽量少用容易引起视疲劳度的色调。一般来说，高明度、高纯度的颜色刺激强度高，疲劳度也大。在无彩色系中，白色的明度最高，明度最低的是黑色；有彩色系中，最明亮的是黄色，最暗的是紫色。色彩刺激强度高的色彩不宜大面积使用，出现频率也不宜过高；低明度色疲劳度虽然小，但往往又使人产生压抑感，所以也不赞成页面设计过于暗淡，比较理想的方法是多使用柔和明快的浅暖色调。

2. 主色、辅助色、点缀色

在设计页面色彩时，无论用几种颜色组合，都有要主次之分。作为主色调的颜色，在配色中占据的地位就越重要，面积也越大；只是起到陪衬、点缀作用的颜色地位居次要，占据的面积就要小。如果各种颜色面积平均分配，色彩之间相互排斥，整个页面就会显得非常凌乱。

■ **主色决定店铺风格**

　　在一个网店页面中，占用面积最大、最受瞩目的色彩一般就是主色，主色决定的是整个店铺的风格走向，其配色要比辅助色更清楚、更强烈。如图3-6所示的紫魅旗舰店的店铺页面，可以看到整个页面都是以紫色调为主。

图3-6　主色决定店铺风格

■ **辅助色使页面丰富多彩**

　　辅助色是用来辅助或者补充主体色的，在整体画面中起到平衡主色的冲击效果和减轻主色对浏览者产生的视觉疲劳度的作用，有一定量的视觉分散效果。辅助色还可以起到渲染的作用，帮助主色建立完整的形象，使页面丰富多彩。

　　允许根据具体情况选用辅助色，辅助色可以是一种颜色，也可以是几种颜色，但要注意保持与基本色的协调关系，例如，使用黑暗色调主体色的时候，最好运用明亮的色彩作为辅助色。如图3-7所示，店铺页面以白色为主色，黑色为辅助色，虽然作为辅助色的黑色面积比较小，但是与白色对比强烈，能起到强调导航栏的作用。

图3-7　辅助色丰富页面色彩

　　通常有两种方法为画面选择合适的辅助色：一是选择同类色，达成页面和谐统一的效果；二是选择对比色，使页面显得活泼、刺激。

■ **点缀色有画龙点睛的效果**

点缀色是指在色彩组合中占据面积较小，视觉效果比较醒目的颜色，作用好比我们搭配服饰时常用来做修饰点缀的丝巾、胸针等。点缀色是相对主色而言的，一般情况下，它比较鲜艳饱和，有画龙点睛的作用。主色调和点缀色形成对比，主次分明，富有变化。如图3-8所示，页面使用黄色作为点缀色起到修饰的作用。

图3-8 点缀色画龙点睛

点缀色所占区域通常面积比较小，但是当小区域越来越多时，也具有影响整个页面的能力。

3. 首页色彩搭配技巧

色彩搭配是树立网店形象的关键，搭配一定要合理，要给人一种和谐、愉快的感觉。到底哪些色彩搭配好看呢？了解页面色彩搭配的一些常见技巧，可以帮助我们在装修网店时更好地使用色彩。

■ **使用单色**

尽管设计网店页面时应该避免采用单一色彩，以免造成浏览者的视觉疲劳，但通过调整色彩的饱和度和透明度也可以产生变化，使网店避免单调，看起来色彩统一，有层次感，如图3-9所示。

图3-9 使用单色的网店页面

■ **邻近色搭配**

设计网店页面色彩时采用邻近色搭配的方法可以使页面避免色彩杂乱，易于达到页面的和谐统一，如图3-10所示。

图3-10 邻近色搭配

■ **对比色搭配**

对比色搭配可以突出重点，产生强烈的视觉效果，起到集中视线的作用。通过合理搭配对比色，能够使网店特色鲜明，重点突出。一般是以一种颜色为主色调，对比色作为点缀，以求起到画龙点睛的作用，图3-11所示的页面中，紫色与黄色是对比色。

图3-11 对比色搭配

■ **背景色的选择**

背景色一般采用素淡清雅的色彩，尽量避免采用花纹复杂的图片和纯度很高的色彩作为背景色，同时背景要与文字的色彩对比强烈一些，如图3-12所示。

图3-12 背景色素淡清雅

黑色是一种比较特殊的颜色，如果使用得恰当的，会产生强烈的艺术效果，如图3-13所示。

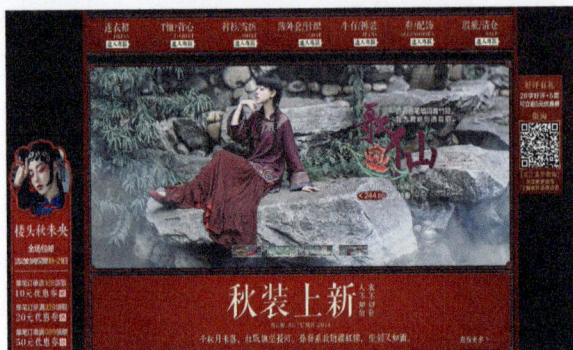

图3-13 黑色产生强烈的艺术效果

在色彩的运用上，首先，要明白不同的色彩会有不同的含义，给人不同的联想，适用于不同的产品。当然，作为个体的人，对于色彩的感觉有时会差异很大，由于人们的生活经历不同，红色也可以联想到暴力和恐怖，白色也可以联想到生病、死亡等。其次，相同的颜色也会因为地区、文化、风俗习惯的差异而产生不同的影响。因此，进入不同的国家和地区，有时需要因地制宜，对色彩进行调整。

3.2.2 配色与信息传达

每种色彩都有它自己的语言，找到适合的色彩不仅能突出产品的特点，还可以充分表达产品给人带来的不同个性风格。利用这一点可以在给网店页面设计配色时形成自己独特的色彩效果，给访客留下深刻印象。

1. 白色

白色物理亮度最高，纯白色会带给别人寒冷、严峻的感觉，所以在使用白色时，都会掺一些其他的色彩，如象牙白、米白、乳白、苹果白等。白色是永远流行的主要色，可以和任何颜色作搭配，在白色的衬托下，大多数色彩都能取得良好的表现效果，所以白色是最常用的页面背景色。白色给人以明朗、透气的感觉，具有清静、纯洁、轻快的象征性，如图3-14所示，整个页面以白色为主色调，给人以干净、清爽的感受。

图3-14 白色系网店页面

2. 黑色

黑色是全色相，即饱和度和亮度为0的无彩色。多数人对黑色保留着特殊的感情，它在包装设计中占有重要位置，虽然一般不宜大面积使用，但又是色彩组合中几乎难以缺少的一套色。

黑色也是一种流行的主要颜色，适合和许多色彩搭配。黑色具有高贵、稳重、高科技的意象，许多科技产品的用色，如数码家电、跑车等大多采用黑色。黑色的庄严的意象也常用在生活用品和服饰设计上，很多男装店铺利用黑色来塑造高贵的形象，如图3-15所示。

图3-15　黑色系的男装店铺

3. 灰色

灰色，作为中性色，具有柔和多变的特点，总是随着周围色相的变化而改变着自身的面貌，是一个活性最强、最容易受影响的色彩，它可以和任何色彩搭配，也可以帮助两种对立的色彩实现和谐过渡。

- 在色彩体系中灰色恐怕是最被动的色彩了，它是彻底的中性色，依靠邻近的色彩获得生命。当靠近鲜艳的暖色时，灰色会显出冷静的品格；当靠近冷色，则变为温和的暖灰色。
- 尽管灰调的处理比黑白处理复杂得多，但它从浅灰到深灰的色调变化中，能增加画面的层次，使画面更加丰富，更具装饰效果。
- 在灰底色上放置纯色，有一种极为和谐的色彩效果和柔和的明度关系。黄色在灰底色上既不像在黑底色上那样刺目，也不像在白底色上那样黯然失色；蓝色与紫色既不像在黑底上那样几乎消失，也不像在白底色上那样过分张扬。

灰色具有柔和、高雅的意象，所以灰色也是永远流行的主要颜色，在许多的高科技产品，尤其是和金属材料有关的，几乎都采用灰色来传达高品质的形象。使用灰色时，大多利用不同的层次变化组合或搭配其他色彩，这样才不会产生过于单一、沉闷，而又呆板、僵硬的感觉，如图3-16所示。

图3-16　灰色系页面

4. 蓝色

蓝色是容易获得信任的颜色，所以蓝色调的页面在网上十分常见。蓝色具有沉稳的特性，还有理智、冷静、智慧、高科技的意象，主要用于营造安稳、可靠、略带神秘色彩的氛围。在商业设计中，强调科技、效率的商品或企业形象，大多选用蓝色当标准色，如数码产品、科技类产品、家电类网店等，图3-17所示就是一家家电类网店的页面。另外，因为蓝色很容易让人联想到海洋、天空等自然界的事物，因此也常被用于旅游类的页面中。

图3-17 使用蓝色系的家电类网店

在给网店设计配色方案时，蓝色可以和黄色、橙色、红色、白色、黑色等色彩搭配。

● 不同的蓝色与白色相配，表现出明朗、清新、素雅、清爽与洁净的感觉，更强调品质感。

● 浅蓝色与黑色相配，显得庄重、老成、有修养。

● 大块的蓝色一般不与绿色相配，它们只能互相渗入，变成蓝绿色、湖蓝色或青色，这也是令人陶醉的颜色。

● 蓝色是冷色系的典型代表，而黄色、红色是暖色系的典型代表，当这冷暖色相配时，对比度大，会让整个页面的色彩跳跃感较强，显得强烈而兴奋，很容易感染和带动浏览者的激昂情绪。

5. 黄色

黄色能给人留下明亮、辉煌、灿烂、愉快、高贵、柔和的印象，同时又容易引起味觉的条件反射，给人以甜美香酥感，所以食品行业尤其适合黄色系，如图3-18所示。黄色系还象征着财富和权力，所以也适合经营高档商品的店铺，给人一种华贵的感觉。很多网店设计也喜用黄色来表现喜庆的气氛，展示丰富的商品，儿童玩具类网店用黄色系的也很多。

图3-18 使用黄色系的食品店

在给网店配色时，建议与白色、黑色、蓝色、绿色、紫色等色彩进行搭配。

- 黄色和黑色、白色的对比比较强，容易形成高层次的对比，突出主题；而与蓝色、紫色、绿色搭配，除了刺激眼球外，还有较强的轻快时尚感。
- 黄色与绿色相配，显得很有朝气，有活力；黄色与蓝色相配，显得美丽、清新；淡黄色与深黄色相配显得最为高雅。
- 淡黄色几乎能与所有的颜色相配，但如果要醒目，不能放在其他的浅色上，尤其是白色，因为它将使你什么也看不见。

6. 红色

红色是淘宝店铺做活动时出现频率最高的颜色，在网店页面颜色的应用中，以红色为主色调的网店也不少。红色特性明显，容易营造娇媚、诱惑、艳丽、热烈、喜庆、动感等气氛，被广泛应用于食品、时尚休闲、美容化妆品、女装、婚庆等类型的网店，图3-19所示为一家嫁衣网店。

图3-19 使用红色系的嫁衣网店

红色如果使用过度，也容易造成视觉疲劳，为了让红色更好地发挥效果而又不至于过度，可以与其他颜色搭配使用。

- 大红色一般用来醒目，如红旗、万绿丛中一点红；浅红色一般较为温柔、幼嫩，常用作新房的布置、孩童的衣饰等；深红色一般可以作衬托，有比较深沉热烈的感觉。
- 红色与黑色的搭配常用于较前卫、时尚等要求个性的页面中。
- 红色与白色的搭配，会使其性格变得温柔，让人感觉干净整洁，也容易体现出商品的质感。
- 红色与蓝色的搭配，会使其热性减弱，趋于文雅、柔和。
- 在红色中加入少量黄色，是中国比较传统的喜庆搭配，会使其热力强盛，极富动感和喜悦气氛。这种艳丽浓重的色彩十分适合营造中国节日庆典的氛围，促销感会更强，因此各大电商平台的大促，经常会用这样的配色，如图3-20所示。

图3-20 红色和黄色的搭配

7. 绿色

绿色在黄色与蓝色之间，偏向自然美，无论是童年、青年、中年，还是老年，使用绿色都不失其活泼、大方之感，所以绿色也是页面中使用最为广泛的颜色之一。绿色本身具有一种自然、健康的感觉，所以经常用于与自然、健康相关的网店，如护肤品、生态特产、儿童商品或旅游网店，如图3-21所示，绿色是这家护肤品网店的主色调。

图3-21 使用绿色系的护肤品网店

绿色宽容、大度，几乎能容纳所有的颜色。
- 绿色和金黄、淡白搭配，可以产生优雅、舒适的气氛。
- 深绿色和浅绿色相配有一种和谐、安宁的感觉。
- 浅绿色与黑色相配，显得美丽、大方。
- 绿色与浅红色相配，象征着春天的到来。

3.2.3　各行业网店配色分析与建议

开淘宝店，定位很重要，你的定位决定了你的店铺风格和目标客户人群，例如，你是卖男装还是卖女装；如果卖女装，是日韩风、民族风还是棉麻风，这就是定位。你的风格首先要在店铺装修格调上体现出来，这种格调说的是你店铺产品和目标客户的格调，而不是你的个人喜好。

1. 女装类店铺配色分析

作为淘宝最火爆的行业，黑色、白色、粉色、紫色、红色、黑色、深蓝、天蓝、草绿、卡其等色彩在女装行业都可以自成一派，争奇斗艳。很多店主为了突出所经营服装的多变特色，往往喜欢多种颜色一起运用，这是很不好的。首先一定要确立一种主色调，然后可以用少量其他颜色作为辅助色和点缀色。例如，日韩风格的服饰，流行元素所占比例较重，一般清纯、可爱、浪漫是这系列服饰要表达的主题，所以通常选择赏心悦目、清新的淡色系，以粉红、粉蓝、草绿等颜色为主，还要结合其他素材，如蝴蝶结、蕾丝、花朵等装饰，如图3-22所示。而如果是国际品牌女装，一般用色就比较深沉、庄重、富有内涵，所以常选用黑色、深蓝、卡其等深色系，以彰显尊贵气质。如果是凸显民族风情的服装店以及婚嫁用品店铺，则多选用大红色系。

图3-22 日韩风格

2. 护肤彩妆类店铺配色分析

护肤彩妆类店铺绝大部分都是面向女性的，因此美容化妆类网店也尽显女性美丽、柔美、时尚的特点，配色风格大多格调高雅、妩媚，营造这种氛围以高明度、低纯度的色彩为宜。使用较多的颜色有粉色、绿色、紫色和蓝色等，粉色是很多女性所钟爱的颜色；绿色主要彰显天然，给人亲近的感觉；紫色突出优雅与高贵；蓝色突出洁净、清透与水嫩，如图3-23所示。

图3-23 以蓝色为主的护肤彩妆类店铺

3. 3C数码类店铺配色分析

3C数码类产品价格较高，买家在选择时会比较慎重，所以在颜色选择上，应该尽量选择稳重大方的颜色，如红色、灰色、黑色、墨绿、蓝色这些象征科技、沉稳、智慧的颜色都是不错的选择，但是切忌颜色与图片的搭配过于花哨，从而抢了产品的风头，如图3-24所示的这家数码店选用的色调是红色。

图3-24 数码店铺

4. 家居日用品类店铺配色分析

家居日用品店的装修可根据其销售产品的类型来选择合适的色彩，如日常生活用品的家居店铺，可以选择带有居家感觉的风格，主要突出温馨、舒适、怡人的氛围，颜色以暖色调为主；田园风格类的家居饰品，则可选择自然风格，如蓝天白云、青山绿草等。一般来说，橙色、黄色、绿色、粉色、红色是家居日用品店常用的颜色，如图3-25所示。

图3-25 家居类店铺

5. 珠宝首饰类店铺配色分析

饰品行业主要突出精致、时尚的特点，所以多选用金色、红色、黑色、灰色、紫色和粉色等颜色。高雅的红色与黑色、咖啡色与金黄色、金色与灰色等搭配一般适用于那些档次较高的饰品店铺，以厚重的色彩氛围表现商品的高品质，如图3-26所示。而日韩风格的一些小女生饰品则以粉色为主，突出可爱、时尚的流行趣味。

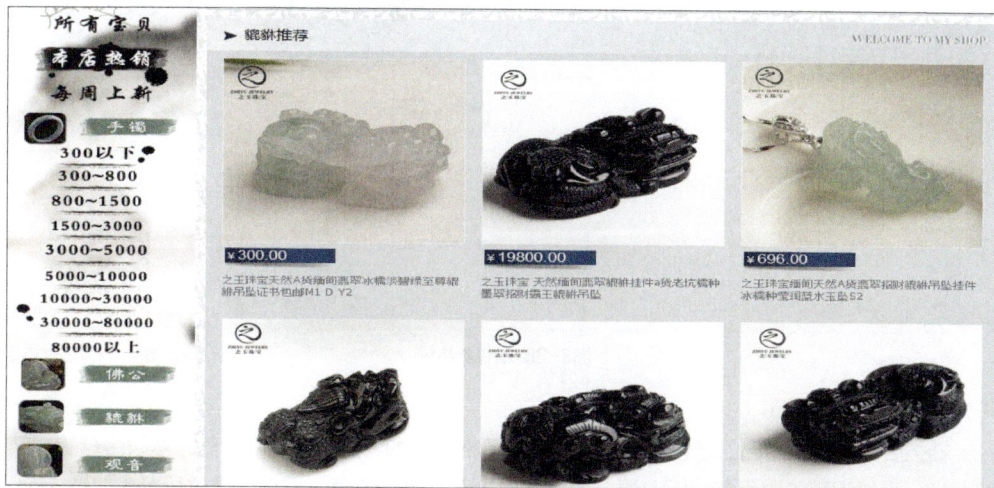

图3-26 厚重色彩表现高品质

6. 童装类店铺配色分析

童装类店铺要突出温馨柔和的风格，粉色、黄色、蓝色都是妈妈和宝贝喜欢的颜色，如图3-27所示。

图3-27 童装类店铺

7. 箱包类店铺配色分析

箱包类网店的客户还是以女性居多，网店设计时要显示出女性美丽、柔美、时尚的特点，用高明度低纯度的色彩比较合适，如橙黄色、粉色、淡绿色、米黄色等，如图3-28所示。如果是体现女性妩媚温柔的特点，配色大多格调高雅，以红色、粉色、黑色搭配为主。

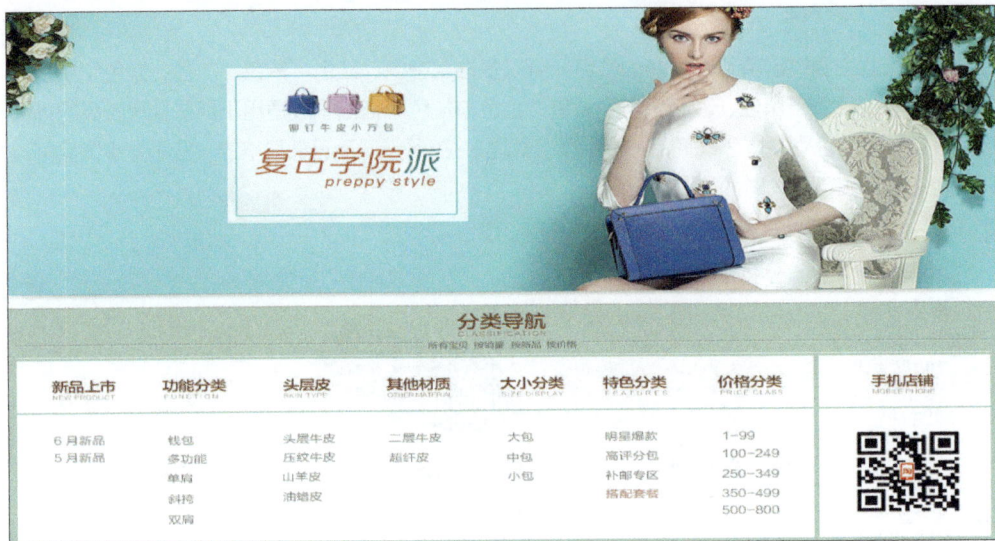

图3-28 箱包类店铺

8. 鞋类店铺配色分析

　　鞋类店铺要根据自己的定位设计相应的装修风格，例如，卖品牌的要大气，卖时装鞋的要前卫时尚，卖休闲鞋的要足够休闲浪漫。配色选择上以红色、紫色、黑色、绿色居多，如图3-29所示。

图3-29 鞋类店铺

9. 食品类店铺配色分析

　　食品类店铺的装修要注意突出环保、无污染的健康状态，在选择色彩时，可选择绿色、蓝色等颜色为主色调，如图3-30所示。另外，黄色、橙色是很容易引起食欲的颜色，所以选择这两种颜色为主色调的食品类店铺也多。

图3-30　食品类店铺

10. 男性商品类店铺配色分析

男性商品无论是服装鞋帽还是箱包用品，都要体现男性的品位、修养、气质，一般用色比较单一，深色系使用较多，以展示男性深沉、稳重的性格特征，如黑色、灰色、棕色、墨绿、深蓝等。黑色可以表现出男性的刚强，蓝色给人冷酷、干净的感觉。常用深暗且棱角分明的色块表现男性主题，选用的图片也带有力量感，如图3-31所示。此外也有很多年轻时尚的男性朋友喜欢简约、个性的风格，这样的网店设计风格则比较简洁大方，突出健康、活力、简单大方的特点。

图3-31　男性商品类店铺

3.2.4　促销颜色

促销是淘宝店铺中常见的活动，通过广告、活动传递优惠信息，吸引顾客购买，以此扩大销售量。

促销的目的一般有以下几个。

● **清仓**：将即将过季的滞销商品以低价进行抛售。

● **引流**：当以较低的促销价格吸引买家进店后，虽然促销商品没有利润，但却能引导进入店铺的买家去购买其他商品，这就是引流。

● **销量**：通过促销获得更好的销量与收益。

促销行为中最常见的是降价、打折、优惠券抵用、满就减、满就送、买一送一等。促销的时间一般是情人节、七夕节、母亲节、父亲节、圣诞节、元旦节、国庆节等节假日。除此之外，淘宝全网的大型活动，年中大促、"双11"和"双12"等也是促销的最佳时间，如图3-32所示。其实节日就是为促销找的一个合适理由，因此，"店庆日""上新日"都可以用来促销，甚至没有节日时，也可以想一个促销的理由，如"老板不在，一顿乱卖""老板疯了"等。

图3-32 "双11"大促

为了营销促销的氛围，一般从文案、颜色等方面着手，这里主要讲解促销的颜色。促销的颜色一般选择明快色调、纯色调以及暖色调。图3-33所示为两张促销图，从中我们可以看出第一张图主要颜色为灰色调，虽然黄色文字突出了促销主题，但整体给人一种平静的感觉，没有促销的氛围。第二张图颜色明快，制造出促销氛围和有视觉冲击力，更符合促销的主题。

图3-33 促销图

提示 Tips 在首页展示促销图时，不能为了表现紧张刺激的氛围而全篇使用强烈刺激的元素，应当考虑到页面的平衡性，否则会造成顾客的厌烦心理，不利于阅读。

3.2.5　节日颜色

　　节日时店铺的节日氛围需要靠节日的颜色和节日的元素来打造，以节日颜色来带动顾客。

1. 红色

　　在众多颜色中，红色是最鲜明生动的、最热烈的颜色，它极易引起注意。在红色中加入少量黄色，是中国比较传统的喜庆搭配，会使其热力强盛，极富动感和喜悦气氛。这种艳丽浓重的色彩十分符合中国节日庆典的氛围，因此促销感会更强，各大电商平台的大促，经常会用这样的配色。

　　红色是淘宝店铺节日时使用最多的颜色，如春节、元旦节、圣诞节等，如图3-34所示。

图3-34 红色

2. 粉色

　　粉色是女性化的颜色，多应用于情人节、七夕节、三八妇女节。另外，粉色往往和卡通、可爱等词汇联系在一起，因此也会用于儿童节，如图3-35所示。

图3-35 粉色

3. 绿色

绿色代表着生机、自然、春意，与端午节的粽叶颜色关联，因此多用于端午节，如图3-36所示。

4. 黄色

黄色代表着秋季，中秋、国庆等节日是秋天的节日，因此多用此颜色。由于纯黄色非常明亮刺眼，不利于长时间的阅读，因此店铺首页中黄色多以黄绿色、黄橙色为主，如图3-37所示。

图3-36 绿色

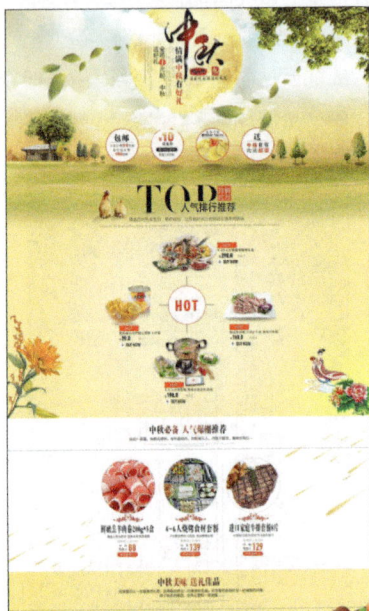

图3-37 黄色

3.3 首页布局

布局并不是要将所有模块效果都堆积到店铺中，而是指模块之间的组合排列，除了产品常规陈列外，还要添加其他模块，如收藏模块、客服模块、搜索模块等。合理的布局不但可以增加店铺黏性，提升新老客户的忠诚度，还可以达到更好的用户体验效果。

视觉是为营销而设计的，这里的"视"指的就是要顾客"看到"并且"停留"。淘宝店铺首页装修的最终目的是在有限的页面中，用最简单的表现手法达到最好的宣传效果，把握住店铺的每一次流量，建立店铺信任度，提升顾客体验，从而达到提升转化率的目的。因此，符合买家需求的页面布局才有价值。

根据自己店铺的风格、促销活动，以及客户的浏览模式，需求及行为，来合理利用模块，将产品分门别类，使店铺的布局结构清晰。

1. 店铺定位

店铺布局，必须以店铺定位为中心，统一风格，突出店铺主题，公共提醒，促销信息，风格体现等。

经过设计师精心设计、布局的网店首页能给买家留下不同的购物体验，从而达到了宣传品牌、体现品牌形象的目的，如图3-38所示的不同女装店铺的布局。

2. 用户的浏览模式

尼尔森的F形网页浏览模式：

客户的眼睛首先是水平运动，常常是扫过网页内容的最上半部分。这样就形成了一条横向的运动轨迹，这就是字母F的第一条横线。

客户的眼光略微下移，扫描比第一步范围较短的区域。这就形成了F字母中的第二条横线。

客户朝网页左边的部分进行垂直扫描，有时候，这个举动很慢而且很有系统性。这样就形成了F字母中的一条竖线。

布局失败的店铺　　　　　　布局成功的店铺

图3-38 不同店铺的布局

根据F形状网页浏览模式，可以大概了解客户的浏览轨迹，但是对于淘宝店铺来讲，客户的浏览轨迹，将有可能是F、E、Z等形状，如图3-39所示。因为淘宝店铺里面图片占了很大一部分，但店铺上面的那部分页头（1~3屏的高度）是顾客浏览的重点，这是毫无疑问的。因此，在这个重要的区域，我们要精打细算，合理利用好每一个模块。

E形状的可能浏览轨迹　　　　　　Z形状的可能浏览轨迹

图3-39 浏览轨迹

3. 客户的需求及行为

客户的需求可能是优惠宝贝、新品或特定的某一宝贝。客户分为老客户和新客户两类，老客户很多的是关注店铺的优惠信息，促销活动和新品上架，其次，可能会浏览感兴趣的宝贝。新客户关注的是店铺装修的形象、风格，以及促销信息，然后寻找自己喜欢的产品或店铺推荐的新款、爆款。另外，如果喜欢店铺的风格或商品，可能会收藏店铺，或关注店铺等。

4. 店铺装修必备模块

布局前需要了解店铺装修的必备模块。

- 海报/轮播图：给人震撼性的视觉效果，是促销活动时的必备模块。
- 页头活动导航：店铺的促销活动，摆在首要位置，让进店的客户，第一时间了解店铺的活动，以及增大活动效果。
- 页尾导航及搜索：店铺的活动，以及店铺的相关规则信息等，要加上搜索与关键字，以方便客户点击和搜索整店宝贝。
- 客服中心：店铺的客服，在页头、中间以及页尾处都要添加。特别是首页很长的情况下，要让顾客很快找到客服便于咨询。
- 排行榜：可以给顾客一种流行向导的作用，店铺营销及打造爆款必备的模块。
- 收藏模块：在增强顾客体验，增加客户黏性，促进二次购买等方面有很大的作用。

5. 合理布局模块

- 店铺的活动、优惠信息，要放在非常重要的位置，如海报、轮播图或活动导航类的图片位置。活动图片的内容设计要清晰，一目了然，可读性强。
- 推荐爆款或新款，不易太多，可以用关键字、导航等把流量引至相应的分类里面。
- 收藏、关注、客服等互动性模块必不可少，这是增加店铺黏性，提升忠诚度，提供二次购买率，与顾客互动的销售利器。
- 搜索与产品导航，或自定义导航，把产品类目详细地列举出来，将有助于顾客的搜索，让顾客很快找到喜欢的类目及产品。
- 模块布局要错落有致，列表式和图文搭配，以减少视觉疲劳。同时模块结构和产品系列要清晰明了，如图3-40所示。

错落有致的宝贝混排   布局清晰的活动、产品导航

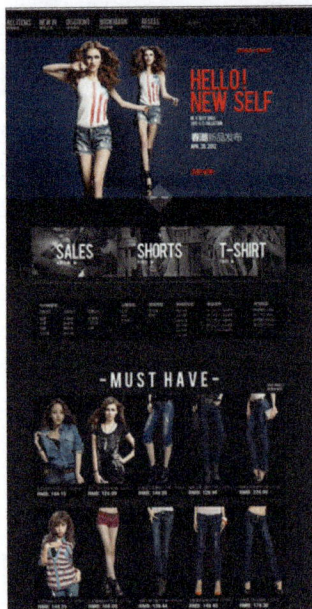

图3-40 模块布局

6. 布局的引导

根据顾客的浏览习惯来布局，又由布局来对顾客进行视觉引导。

■ 单向型

单向型是通过竖向、横向和斜向的引导，将信息一一创达给顾客，使顾客更加明确地了解店铺。竖向布局可以产生稳定感，条理清晰，如图3-41所示。横向布局符合人们的阅读习惯，条理性强；斜线布局可以使画面产生强烈的动感，增强了视觉吸引力。

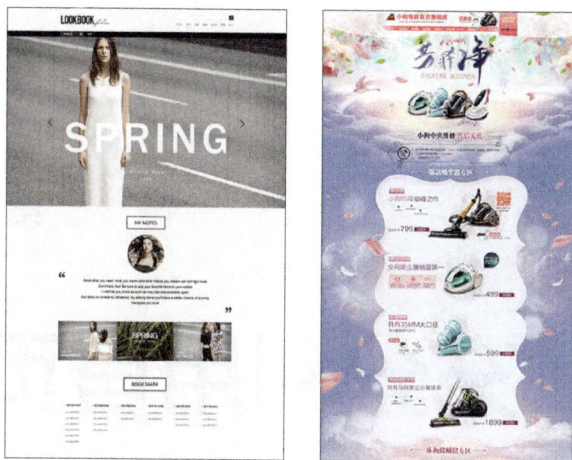

图3-41 竖向布局

■ 曲线型

S形的曲线布局是网店装修中较常见的一种布局，将版面按照S形曲线流程进行排列，不但可以产生一定的韵律感，而且可以形成视觉牵引力，让顾客的视线随着曲线进行移动，引导消费，如图3-42所示。

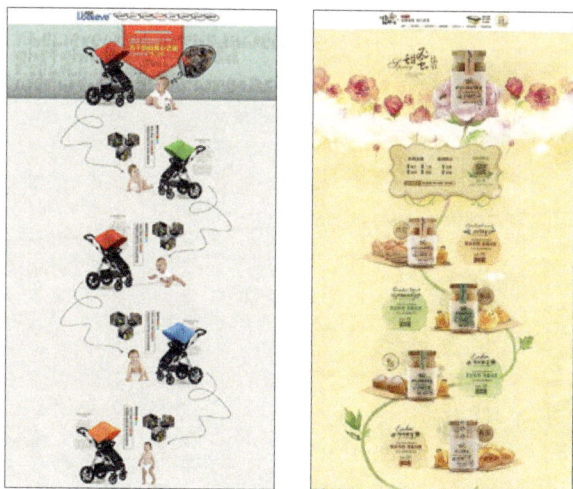

图3-42 曲线布局

总之，我们要结合店铺的特点，从活动、产品、顾客等因素来综合考虑，合理布局模块。

第 **4** 章

充分利用首页营销

　　首页就相当于一家店铺的门面，是顾客对整个店铺的第一直观感受，是决定客户对店铺产生信任的关键。一个首页装修的成功与否，直接决定了消费者能否在第一时间产生浏览或购买的欲望。很多店家喜欢直接使用装修市场上的模板来装修店铺，但模板不是专门针对某个店铺设计的，而是服务于淘宝所有店铺的，视觉营销不是仅依靠一个装修模板就可以发挥作用的。

4.1 店招营销设计

店铺招牌就是我们通常所说的店招，它是一个店铺文化的缩影，会显示在每个商品页面的最上方。

4.1.1 店招案例分析

店招应该要起到信息传递的作用，但是在淘宝上很多店铺的店招虽然做得很漂亮，却并没有起到传达足够信息的作用。

1. 店招包含的信息

店招是传达店铺信息、展示店铺形象的最重要部分。一个好的店招还可以第一时间提供给顾客很多方便，如店铺收藏、店铺分享、购物车等基本按钮的指引，或者有店内活动公告、宝贝打折、促销等种种相关消息提示，如图4-1所示。因此店铺招牌要真正发挥招揽顾客的作用，在设置时需要遵循"明了、美观、统一"的原则。明了就是要把主营商品用文字、图像明确地告知给顾客，而不是过于含蓄或故弄玄虚。美观主要指图片、色彩、文字的搭配要合理，要符合大众审美。统一就是招牌要与整个网店的风格一致。

图4-1 店招

2. 失败的店招

下面以失败的店招案例分析店招需要注意的地方。

● 背景图过于花哨，喧宾夺主，如图4-2所示。

图4-2 背景图过于花哨

● **店招布满信息**：这样的布局由于信息过多过杂，且没有很好的分层，往往容易使人头晕眼花，不能获得很好地表达效果，如图4-3所示。

图4-3 店招布满信息

4.1.2 店招营销设计

店招是展示一个店铺品牌的重要区域，店招中包含了店铺很多重要的信息。

1. 店铺品牌Logo

Logo是店铺的形象标识，在店铺及商品上出现Logo可以加深客户对店铺和产品的印象。品牌专营店一般会沿用商品品牌Logo。如果是自有品牌，那么更应该注重Logo的设计，网店Logo切忌过于复杂，因为页面可能给出的展示位置有限，因此需要即使缩小到比较小的尺寸，Logo也仍然能够被清晰地识别。图4-4所示为不同店铺的Logo。

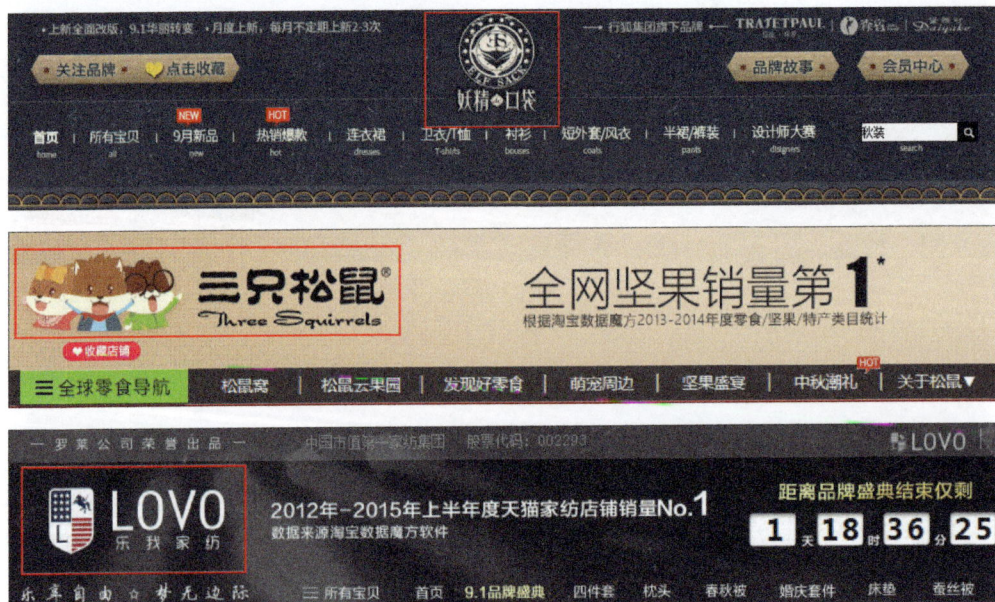

图4-4 不同店铺的Logo

■ Logo展现

很多网店容易忽略自己的标志，在Logo固定位置上的标志和Banner上的标志都不统一。只有通过不断地坚持和反复刻画，才能在受众心中留下深刻的印象。淘宝网店的标志一般会出现在哪些地方？

● 店内的店招上，通常位于左上角或正中间，如图4-5所示。

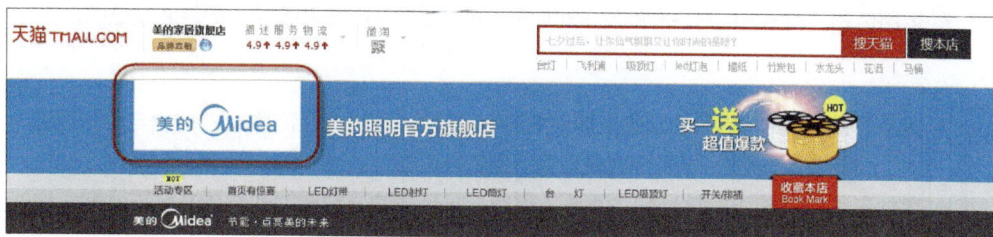

图4-5 Logo在店招左上角

● 商城品牌街、无名良品、手机淘宝等也都有可能出现店铺Logo，如图4-6所示。

图4-6 商城品牌街Logo

● 淘宝上有很多纷繁复杂的流量入口，如很多垂直频道、活动流量入口、帮派等也会显示店铺的Logo，如图4-7所示。虽然这些入口流量较小，但是集腋成裘，也可以成为你的Logo发挥作用的地方，而且这些流量是免费的。

图4-7 垂直频道Logo

■ **设计要点**

● 简单易识别，保持视觉平衡、讲究线条的流畅，使整体形状美观。

● 用反差、对比或边框等设计强调主题。

● 选择恰当的字体。例如，食品品牌多用明快流畅的字体，以表现食品带给人的美味与快乐；化妆品品牌多为纤细秀丽的字体，以体现女性的秀美；高科技品牌字体多为锐利、庄重的字体，以体现其技术与实力；男性用品字体多为粗犷、雄厚的字体，以表达男性特征。字体要容易辨认，不能让消费者去猜，否则不利于传播。

- 注意留白，给人想象空间。
- 运用色彩。因为人们对色彩的反应比对形状的反应更为敏锐和直接，更能激发情感。

■ Logo形式

- **具象形式**：基本忠实于客观物象的自然形态，经过提炼、概括和简化，突出与夸张其本质特征，作为标志图形，这种形式具有易识别的特点。
- **意象形式**：以某种物象的形态为基本意念，以装饰的、抽象的图形或文字符号来表现的形式。
- **抽象形式**：以完全抽象的几何图形、文字或符号来表现的形式。这种图形往往具有深邃的抽象含义、象征意味或神秘感。这种形式往往具有更强烈的现代感和符号感，易于记忆。

2. 品牌口号

品牌口号（Slogan）一般出现在Logo的下方或右侧，是店铺或品牌的宣传口号，它所强调的是一家公司和它的产品最为突出的特点，如"钻石恒久远，一颗永留传"，又如"农夫山泉有点甜"，一句好的口号可以加深客户的记忆点，让人们不光记住这句话，也记住它们的产品优势。图4-8所示为不同店铺的品牌口号。

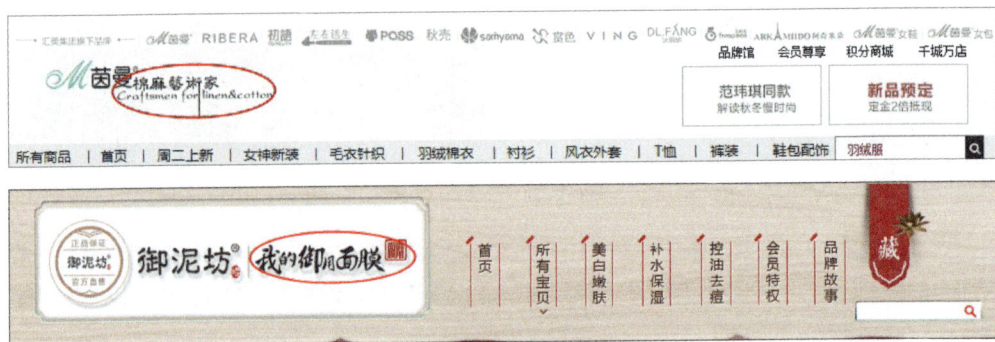

图4-8 品牌口号

4.1.3 店招的布局设计

不管客户从哪个流量入口进来，都会看到店招，作为整个店铺曝光量最大的一个版块，店招至少要突出店铺品牌和产品定位，也就是要让人一看就知道你的店名是什么，卖什么产品。

- 如果是品牌型店铺主要突出产品的品质和品牌形象，如图4-9所示。

图4-9 品牌型店招

- 如果是营销型店铺则主要突出店内活动，或某一个爆款单品，如图4-10所示。

图4-10 营销型店招

● 在店招内增加功能性内容，可以提高客户体验度，如将店内搜索放在店招中，方便买家搜索，同时也能有效防止客户在店铺最上方搜索，从而出店，如图4-11所示。

图4-11 搜索栏

下面介绍几种常见的店招布局。

● **极简布局**：极简布局的店招信息简单明了，除了店名外没有过多的干扰，大气直观，如图4-12所示。这种布局常被有较大知名度的品牌店铺使用。

图4-12 极简布局

● **简洁布局**：简洁布局强调品牌Logo和广告语，部分店铺会添加收藏链接、搜索栏等一些小控件，如图4-13所示。

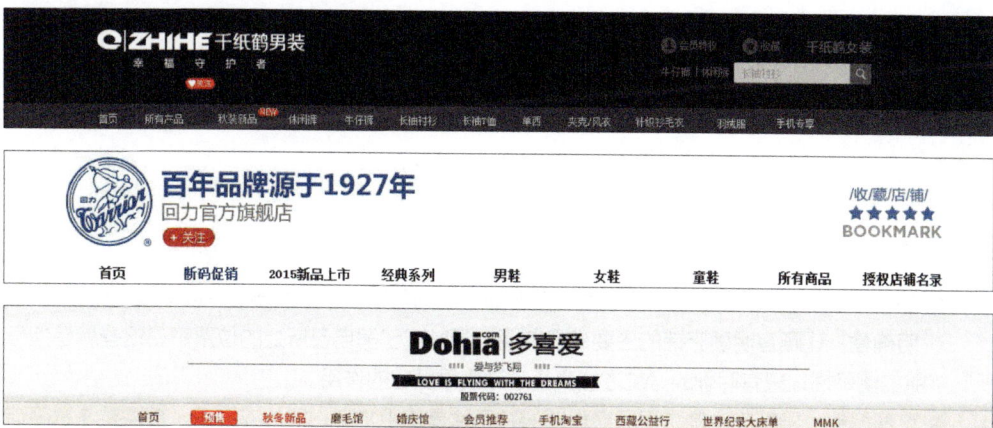

图4-13 简洁布局

● **促销活动布局**：在基础布局上添加促销信息，或活动商品，如图4-14所示。添加这些信息时需要注意留白，不然很容易达到反面效果。

图4-14 促销活动布局

- **互动布局**：以互动信息为主，如收藏店铺、关注、分享、加入会员、积分兑换等，如图4-15所示。

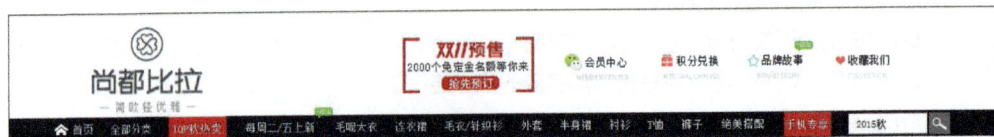

图4-15 互动布局

- **左中右布局**：左中右布局是将店招内容分为三块，如图4-16所示。

图4-16 左中右布局

4.2 导航菜单营销设计

简单直观的导航不仅能提高网店的操作性，而且方便顾客找到所需信息，有助于提高用户转化率。

4.2.1 导航设计的基本要求

在设计导航时为了保证导航的有效性，并发挥导航的营销作用，需要注意以下基本要求。

- **明确性**：让顾客明确店铺的主要商品范围；清楚或了解自己所处的位置等，这些就是指导航的明确性，只有明确的导航才能真正起到引导顾客的作用。
- **可理解性**：导航应该是易于顾客理解的，无论是使用文字、图片或按钮，都需要注意简洁清楚，避免使用无效信息。
- **完整性**：导航必须具体、完整，可以让浏览者获得整个网店范围内的导航，能涉及网店中全部的信息及关系。
- **易用性**：导航系统应该容易进入也容易跳转。

4.2.2　导航所包含的信息

　　顾客通过页头的店招与导航的链接，可直达各个页面。因此，通常的做法是将店招和导航结合在一起，虽然页头只占据店铺150像素的高度，但却相当于网店的门户，所以不容小觑。

1. 商品分类

　　导航菜单中将商品分类，把网店里的商品按一定标准进行分类，就像超市里有食品区、日用品区、家电区一样，对网店来说，合理的分类一方面便于顾客查找，另一方面有利于卖家促销。合理分类的主要原则是标准统一，如女性饰品店，可按商品属性如发夹、项链、戒指等来分类；化妆品店可按使用效果如美白系列、祛痘系列、抗皱系列等来分类。此外，在分类排列时，可把新品、特价等较易引起顾客兴趣的重要信息放在相对显眼的位置，如图4-17所示，这样容易受到顾客的关注。

图4-17 新品、特价等重要信息放在相对显眼的位置

　　上面讲的是常规导航分类，还有一些店铺根据自身特色，制作出与众不同的独特导航。

2. 导航与店招合并

　　将导航添加到店招中，店招与导航合并为一个整体，导航一般以竖向排列，如图4-18所示。适合于商品分类不多的店铺。

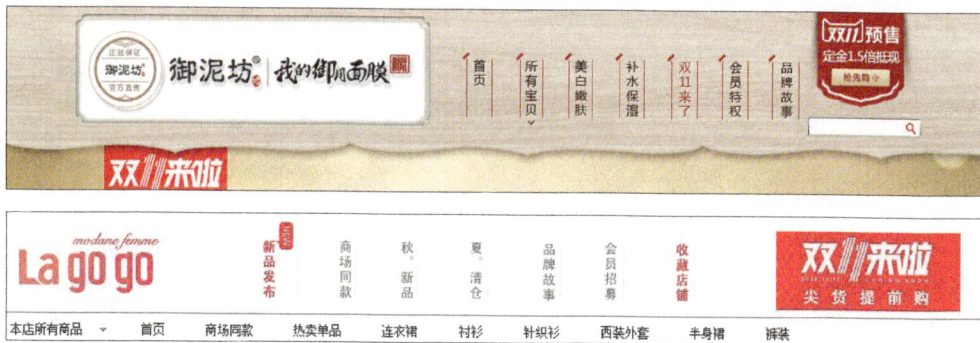

图4-18 导航与店招合并

3. 二级分类中添加促销商品

　　在二级分类中添加促销商品，利用每个可利用的空间，如图4-19所示。

4. 特色导航欣赏

　　为了突出店铺特色，也可以在导航上做文章，导航的特色是由导航栏的背景以及图案所体现的，或者使用木头纹理，或者和店铺页面使用同一背景，使之浑然一体，又或者在文字旁添加形象的简易图案，如图4-20所示。

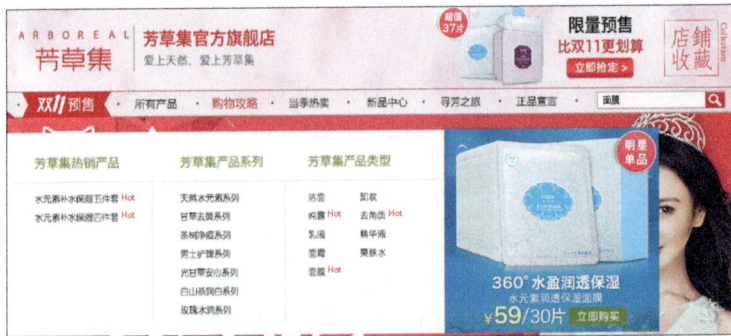

图4-19 二级分类中添加促销商品

图4-20 特色导航欣赏

4.3 首屏营销设计

首屏是指打开店铺后显示的第一个页面，首页虽然很长，但显示的长度却由显示器决定，因此就将首屏分为了多屏，在不滚动页面的情况下默认第一屏为首屏，如图4-21所示。

图4-21 首屏

4.3.1 信息传达

首屏决定了顾客对店铺的第一次印象，也很大程度上决定了顾客是否有兴趣继续浏览下去。顾客通过首屏对店铺有初步的了解和认识，因此首屏的作用就是传达信息，通过在首屏上添加顾客感兴趣的内容，来吸引顾客。

如图4-22所示，首屏中是一张没有产品没有活动的海报图，虽然图中的文字表达了店铺的小情调，描绘出一种清新文艺的画面，但是从淘宝营销的角度来讲整张海报信息空乏，浪费了首屏这个黄金区域。

图4-22 海报信息空乏

4.3.2 首屏布局

首屏是最首页最关键的区域，在布局首页前需要了解首屏可布局的显示尺寸。

现在最常见的电脑屏幕分辨率是1920×1080像素，笔记本电脑分辨率则一般是1366×768像素。当打开一个网店时，我们的电脑屏幕上除了有店铺首页的高度外，还有浏览器本身的高度，还要考虑到天猫或者淘宝本身的页头高度，这样一来首屏剩余的空间就大大减少了。

当没有加载项、插件栏、菜单栏时浏览器本身上方高度在100像素左右，如图4-23所示；当加载了这些之后，浏览器页面上方的高度大概在150像素左右，如图4-24所示。再加上淘宝、天猫页头100像素，店铺页头100像素，首屏其他显示区域大概只有400~700像素。因此我们应该将首屏的重要信息放置在500像素以内。

图4-23 没有加载项的浏览器页面上方的高度

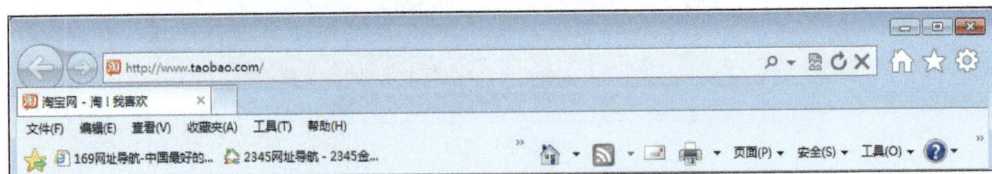

图4-24 加载了插件之后浏览器页面上方的高度

下面介绍几种常见布局。

1. 海报布局

海报布局是淘宝上最常见的首屏布局，即页头下为大海报或轮播图，如图4-25所示。这种布局结构适合大部分的店铺，通过海报的视觉展现吸引点击，因此，对海报的视觉设计要求较高。

图4-25 海报布局

2. 公告布局

公告布局是指在海报上方或下方添加相应的公告，如图4-26所示。

图4-26 公告布局

这种布局并不常见，一般适用于以下两种情况。

● 对于活动或大促进行说明、总结、致歉、致谢等。

● 促销文案较多，为了达到有渲染力的效果，使用特殊的文字排版来吸引眼球。

3. 海报+分类菜单

海报+分类菜单的布局就是在原有的海报布局左侧添加分类菜单，如图4-27所示。这种布局方式可以将商品进行清晰分类展示，让顾客一目了然，能快速找到自己需要的商品。较多商品类目的还可以制作二级分类，不仅避免了商品的杂乱，还可以增强顾客的浏览关联性。

图4-27 海报+分类菜单

4.4 首页海报/轮播图营销设计

首页海报/轮播图一般位于导航的下方，占有较大的面积，是顾客进入店铺首页中看到的最醒目区域。利用好轮播图，不仅能带来视觉震撼，还能使顾客第一时间了解店铺的活动、促销信息。

4.4.1 海报案例分析

轮播图也就是多张海报进行循环播放，因此这里要介绍的就是海报的视觉要点。

1. 常见误区

很多卖家在制作海报时存在很多误区，这里将分析几个案例，讲解常见的误区。

■ 画面杂乱

无论是主推产品还是促销活动的海报，主体商品都不能太多，否则会造成没有重点。如图4-28所示，海报图主体其实就是一款毛衣，显然店家是为了全面展示毛衣，将整个海报划分为多个小块，每个小块放置一个毛衣的实拍图，虽然毛衣的每个细节、角度都展示了，但是这种拼接画面却给人一种杂乱、低廉的感觉，瞬间拉低了店铺的档次。其实这个海报完全可以选择其中一个毛衣全图作为主体，其他的细节图、侧面以及背面都应该在商品详情页展示。

图4-28 画面杂乱

■ 干扰信息多

海报的主题从背景、产品、文案等方面体现，这就需要提炼出重点文字，对配色进行调整，对干扰信息进行处理。如图4-29所示，海报主题是面膜，但由于背景与产品颜色过于接近，我们很难一眼就看到绿色盒子的面膜，另外，整个画面中的白色最突出，因此左侧的白色面膜纸能一眼看到，但右侧画面中的人物衣服也是白色，且面积相比左侧的白色区域大很多，很容易将顾客的目光吸引过去，形成很大干扰。除此之外，海报中的文字颜色不突出，海报的主题体现不出来。如果一定需要使用这个海报背景的话，我们可以将背景进行模糊处理，在背景上面添加一个白色的半透明矩形或圆形，将面膜、文案等内容放置在这个区域中即可避开这些干扰。

图4-29 干扰信息多

很多人为了丰富画面，在海报中添加很多装饰，如图4-30所示，这些装饰与产品无关，明显造成了干扰。

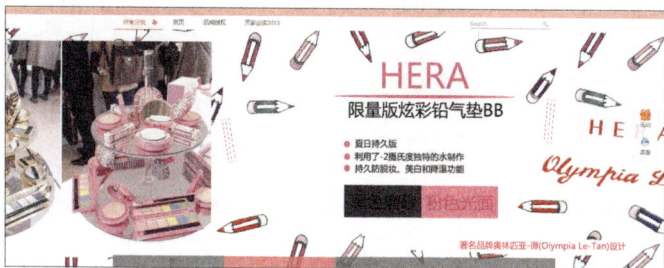

图4-30 装饰与产品无关

■ **文案过多**

海报图中文案是必不可少的，恰到好处的文案不仅能点明主题，还能吸引点击。文案需要精简提炼，突出主要信息。文案一旦过多，会造成阅读困难，如图4-31所示。

图4-31 文案过多

■ 无主题、内容空乏

由于海报占有首屏的很大篇幅，当海报没什么实质内容时，就如同摆设。如图4-32所示，两张海报图都是只有一个模特，没有活动信息也没有产品信息，让人不知其意义何在。第一张海报右侧虽然也有文字，但中间较大的文字为英文，下面的中文过小，几乎看不清。

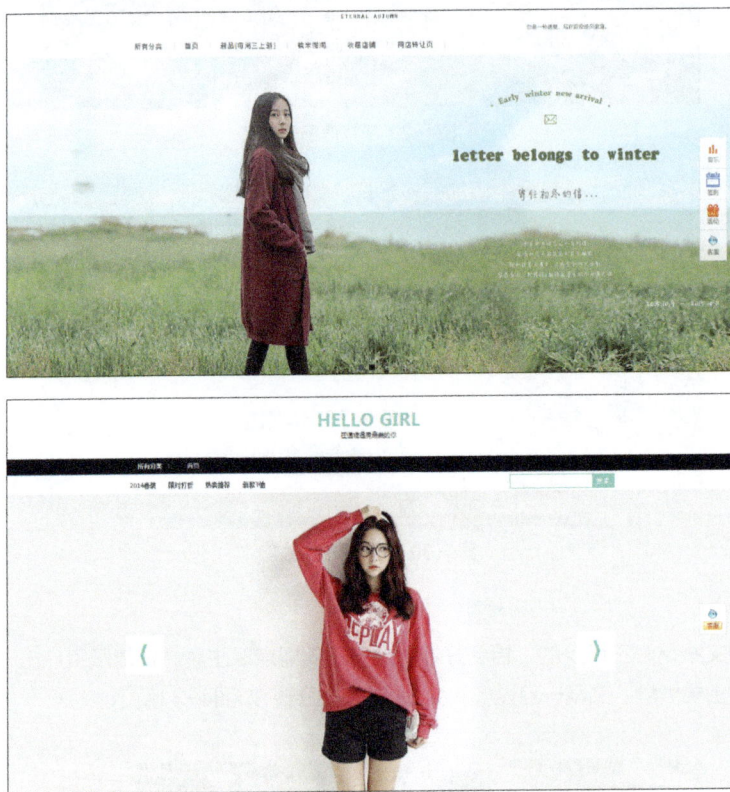

图4-32 无主题、内容空乏

■ 审美疲劳

在淘宝网大型的活动中，很多店铺都使用了官方的大海报，如图4-33所示，这种海报与店铺没有直接的联系，在海报中甚至还显示了很多其他品牌。又或者使用相似背景、配以相同文字的相似海报，如图4-34所示，也令人感觉没有任何新意，虽然能在店铺中营造活动气氛，但是如果顾客每进一个店铺，打开首页都是同样的海报，难免会有视觉疲劳。

图4-33 官方海报

图4-34　相似海报

如图4-35所示，虽然同样是"双11"预售的海报，这张海报在表现节日氛围的同时结合了店铺特色，将"双11"的标志缩小放置在左上角，给人眼前一亮的感觉，也体现了店铺的高端大气。

图4-35　结合了店铺特色的"双11"海报

2. 优秀案例参考

海报图需要起到营销的作用才能算是成功。下面从几个成功的案例分析海报的营销体现。

● 主打产品：将主打产品、明星产品、口碑产品作为海报，可以很好地诠释品牌、体现品牌形象，引起消费者的注意，如图4-36所示。

图4-36　将主打产品作为海报

● **主题活动**：一般以店铺上新、店庆、节日或其他活动为主题，设计海报。活动海报中主体不再是单个商品，如图4-37所示，主题为毛呢大衣，活动中添加系列产品可以吸引同类需求的买家。另外，全网活动也是海报设计的方向之一，如图4-38所示。

图4-37 主题活动

图4-38 全网活动

● **明星效应**：明星有很强的号召力，因此在海报中使用店铺的代言明星也是常用的手法。海报的明星效应就是唤起消费者的记忆，展示品牌形象，如图4-39所示。

图4-39 明星效应

4.4.2 海报的设计要点

从前面的案例分析中可以得到海报的设计要点。

1. 主题

海报的制作需要有一个主题，无论是新品上市，还是活动促销，主题选定后才能围绕这个方向确定海报的文案、信息等。海报的主题以"产品+描述"体现，将描述提炼成简洁的文字，并将主题内容放置在海报的第一视觉中心，能比较高效且直接地让消费者一眼就能知道所表达的内容。

一个海报基本由三部分组成：产品、背景、文案。

● **背景**：根据产品和活动来选择合适的背景。背景分为颜色背景、场景背景及纹理背景，如图4-40所示。

图4-40 海报背景

● **文案**：文案的字体不超过三种，用粗大的字体突出主题。文案分主题内容，副标题和说明性文字，把握好主次关系，适量留白，让顾客在浏览的过程中能够轻易地抓住画面信息的重点，提高阅读体验，如图4-41所示。

图4-41 海报文案

● **产品信息**：海报中突出产品特色、产品价格等信息。

2. 构图

海报的构图就是处理好图片、文字之间的位置关系，使其整体和谐，并突出主体。

● **左右构图**：比较典型的构图方式，一般为左图右文或左文右图两种模式，如图4-42所示。这种构图比较沉稳，平衡。

图4-42 左右构图

● **左右三分式构图**：海报两侧为图片，中间文字，比左右构图更具层次感，如图4-43所示，为了突出主次，可将两边的图片设置为不同大小。

图4-43 左右三分式构图

● 上下构图：分为上图下文和上文下图两种，如图4-44所示。

图4-44 上下构图

● 底面构图：底部一层为图片，中层通过添加半透明的区域，来确定文字区域，并分隔文字
与图片，上层为文字，如图4-45所示。

图4-45 底面构图

● **斜切构图：**斜切式构图会让画面显得时尚，动感活跃，但是画面平衡感不是很好控制。一般斜切式的文案倾斜角度最好不要大于30度，不然得歪着头阅读。另外根据阅读习惯，文字一般是往右上方的倾斜，文字这样有一种上升感，如图4-46所示。

图4-46 斜切构图

3. 配色

海报的配色十分关键，画面的色调会营造一种氛围。在配色中，对重要的文字信息，以突出醒目的颜色进行强调，以清晰的明暗对比传递画面信息，以不同的配色来确定相应的风格。如图4-47所示，使用粉色系表现淑女风格的连衣裙；如图4-48所示，使用绿色表现食品的健康、绿色无污染。

图4-47 粉色系表现淑女风格

图4-48 绿色表现食品的健康

4. 视觉冲击力

首焦作为一个整体，目标是要从整个首页中脱颖而出，而首页除首焦以外的整个部分从视觉上也可以被视为一个整体，这个整体要和首焦在统一的前提下有所区分，从而获得绝好的视觉冲击力。如图4-49所示，海报采用大色块来切割整个版面，从而让首焦从首页中凸显出来，在颜色和设计元素上又保持了统一。

图4-49 统一的前提下有所区分

视觉冲击力来自于对排版和配色的把握，最亮的颜色是白色，最暗的颜色是黑色，只有通过对对比的严格控制，才能让视觉冲击发挥作用。图4-50所示是淘宝设计翘楚七格格家典型的黑白配式海报图。

图4-50 七格格家黑白配式海报图

5. 尺寸

前面讲到首屏看到的首焦部分大概只有400~700像素。所以我们应该将首焦最有吸引力的文案尽量在500像素以内的区域展示出来，而首焦的高度倒不局限于此。

4.5 促销活动区营销设计

网店促销是指以免费、低价或包邮等形式出现的商品促销活动，对有效提升人气、推广商品、拉动销售有一定促进作用。

4.5.1 促销区设计思路

首页促销区的主推商品会得到很好的曝光率，顾客进店后就能看到。当大型活动促销时，促销海报、优惠券等有力的促销信息要放在店铺首页上方最醒目的位置，因为在这个时期顾客都是冲着打折促销来的，自然对价格、优惠等信息会非常敏感。

下面介绍对于推荐商品的几个要点。

● **明确购买目的的店铺少推荐：** 部分商品是具有这个性质的，如虚拟商品、药品，来店铺的顾客都有着明确的目标商品，这种情况下就不需要过度推荐。如图4-51所示，以轮播的形式推荐店铺爆款，这些商品可能就是大部分顾客想要购买的。

图4-51 明确购买目的的店铺少推荐

● **商品数量多的店铺多推荐：** 商品类目、数量很多的店铺，需要使用尽可能多地推荐，以高聚集的方式展示爆款。超大的推荐信息量方便顾客快速地选择，如图4-52所示。

图4-52 商品数量多的店铺多推荐

4.5.2　优惠券设计

优惠券是刺激消费、提高客单价的手段。

1. 优惠形式

优惠分为两种，一种是自动满减，另一种是优惠券抵扣。

● **自动满减**：自动满就减是当订单符合要求时，系统自动进行减价。

● **优惠券抵扣**：与自动满就减不同，优惠券需要先领取后再使用，在订单符合要求后进行抵用，如图4-53所示。

图4-53　优惠券抵扣

两种形式的区别在与，一个是给予顾客的，这在一定程度上削弱了优惠感，顾客甚至可能没有注意到这种优惠方式。另一个是顾客主动领取的，顾客领取的这个行为已经说明了会用这个优惠券的可能，一般领取了优惠券后会想着凑单来达到优惠券的使用条件。

2. 优惠券的顺序

一般优惠券的顺序是按门槛来排列的，如图4-54所示，从满199减5元，到满299减10元，到满399减15元。

图4-54　按门槛来排列

除此之外，还有一些优惠券是倒序排列的，由于倒序排列会将门槛高的优惠券放置在最前，消费者看了第一个优惠券后觉得不可以接受这个门槛，自然没有兴趣看后面的，这就不利于营销。也有打乱排序的，将低门槛的放置在最前，门槛相对高点的放在中间，无门槛的放置在最后，如图4-55所示。

图4-55　打乱排序

3. 信息弱化

我们在逛街时，经常会看见店铺门前写着"本店活动，最低20元"的促销信息，在不细看的情况下，很多人会被吸引进店。再认真看时发现在"20元"后面用很小的字写着"起"。这种就是线下店铺的信息弱化，是吸引顾客的一种手段。

转为线上，信息弱化体现在优惠券上，优惠券上用很大的字号写着金额"10""50""100"是顾客主要的关注信息，之后的限制条件是顾客第二关注的信息。根据顾客的关注点，将金额部分强化放大，能第一眼就看到，其他信息柔化缩小，但能看清。这样不仅能让优惠券一目了然，也能起到营销的作用，如图4-56所示。

图4-56 信息弱化

4. 优惠券个性化

为了使优惠券更符合店铺特色，更具视觉感，以及在店铺中更为突出，可以将优惠券设计得更个性化，如图4-57所示。

图4-57 优惠券个性化

4.5.3 促销活动信息

促销活动区也是首页必不可少的一个模块。我们知道图片的传达效果远远好于文字，因此促销活动区也多以图片为主，图文结合。

1. 促销活动误区

● **纯文字促销**：不仅浪费篇幅，体验也不好。因为纯文字的表达形式容易让人产生阅读障碍，人们看到大篇文字就自动跳过，如图4-58所示。

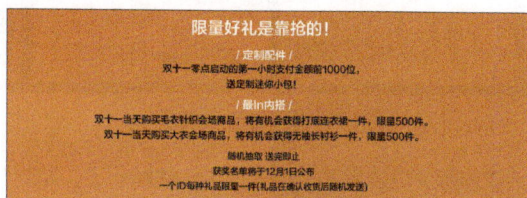

图4-58 纯文字促销

● **文字过多，造成干扰**：当使用图文促销时，图文信息的排版也很重要，文字过多、排版不合理，都会造成对促销的干扰，体验不佳，如图4-59所示。排版合理后信息的条理更清晰、可读性更高，如图4-60所示。

图4-59 文字过多

图4-60 排版后条理清晰

2. 常见的促销形式

● **多活动Banner条**：以小Banner条展示店铺的多个活动，占用位置小，适合放置在首页的任何位置，如图4-61所示。

图4-61 多活动Banner条

● **活动流程**：对于活动流程，以流程图的形式显示，清晰明了，如图4-62所示。

图4-62 活动流程

● **展开多种活动**：店铺同时开展多种活动时，可使用拼贴的方式，将多种活动同时展示，可以让顾客了解店内所有活动，吸引消费者消费，如图4-63所示。此外，需要根据主推活动与活动的主次来决定图片的大小排列。

图4-63 展开多种活动

● **分类+促销**：促销与商品分类相结合，突出重点，如图4-64所示。

图4-64　分类+促销

● **单品促销Banner**：单品活动以大幅商品图为主，再加上商品名、价格等信息，突出产品特色，还可加入购买按钮吸引顾客点击，如图4-65所示。

图4-65　单品促销Banner

● **多商品促销Banner**：对于多个商品的促销，可以使用并列的方式展示，如图4-66所示，也可以使用混排的方式展示，如图4-67所示。

图4-66 并列展示

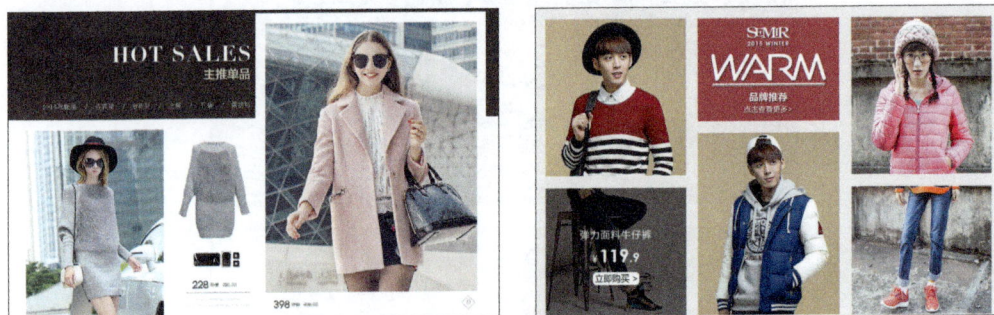

图4-67 混排展示

● **满赠活动**：满赠活动需在首页进行说明，将赠品展示出来，可以吸引顾客，从而推动营销，如图4-68所示。

图4-68 满赠活动

4.5.4　促销区商品展示

在不装修的情况下，默认的商品展示区如图4-69所示。

图4-69 默认的商品展示区

这种促销展示方式效果并不理想，原因在于以下几方面

● **标题**：默认显示的为商品标题，但是我们在优化标题时，通常会加入很多关键词便于搜索，这样整个商品标题对于买家来讲，必然太长，从而找不到重点，也就无法突出商品的主要卖点。

● **图片**：默认以N行N列的排列方式展示图片，图片大小都相同，没有突出主要的促销商品。

● **促销**：默认商品展示效果，无法显示出促销的文字。

1. 多商品横排展示

默认横排展示是一排2~4个商品，这种布局简洁明了，如图4-70所示。

图4-70 默认横排展示

促销常用的横排展示方式有以下几种。

● **大图展示**：展示空间大，通过实拍图与模特的陪衬，突出主体，突出价格，如图4-71所示。

图4-71 大图展示

111

● **对比与统一**：使用模特手拿包包图，以及多色背景，突出商品，不需要价格等文字说明，主要通过商品的颜色与款式吸引顾客，如图4-72所示。

图4-72 对比与统一

● **摆拍平拍**：摆拍平拍背景统一，商品摆放整齐，价格颜色突出，起强调作用，如图4-73所示。

图4-73 摆拍平拍

● **模特展示服装**：不同服装的模特姿势不同，会更显更生动而不呆板，通过边框间隔更显整齐，价格下的红色色块起到强调突出的作用，如图4-74所示。

图4-74　模特展示服装

● **全身效果**：使用竖长的图片显示服装在模特身上的效果，这样的展示更全面，如图4-75所示。或者使用无边框的效果，气势更强，如图4-76所示。

图4-75　全身效果

图4-76 无边框的效果

● **全身搭配**：全身搭配多用于服装店铺，以模特全身展示为主，在侧面展示搭配的商品与价格，这样既有模特效果又有平铺图，如图4-77所示。

图4-77 全身搭配

● **搭配展示**：搭配展示与模特实拍展示大致相同，只是没有显示模特的全身效果，且单品旁均单独显示相应的名称与购买按钮，如图4-78所示。

图4-78 搭配展示

● **相同角度与背景**：相同角度与背景的陈列整齐统一，一目了然，下方的文字中重点强调价格，如图4-79所示。

图4-79 相同角度与背景

● **无边框**：无边框可以突出主体，价格与购买按钮也较为明显，如图4-80所示。

图4-80 无边框

2. 混排展示

混排展示是指随意排列，不再以常规的横排展示，更有节奏感，也更容易塑造不同的展示效果，如图4-81所示。

图4-81 混排展示

● **瀑布流**：将原横排的排列进行上下错开，错落有致地排列显得版面更活跃，如图4-82所示。

图4-82 瀑布流

● **放大显示**：将鼠标放在其中一张图片上，在另一侧会放大显示图片上的商品、名称和价格，如图4-83所示。

图4-83 放大显示

● **同系列或同颜色**：对同一系列或者同一颜色商品进行组合展示，主推商品为大图，其他为
小图，如图4-84所示。顾客的目光先被大图吸引，然后转移注意到右边的小图，对细节进
行对比。这种方式不仅可以给主推商品较大的空间，增加顾客的印象，而且可以让顾客持
续关注这一系列的促销商品。另外，这种展示方式比横排方式更新鲜，且具有更好的视觉
体验。

图4-84 同系列或同颜色

● **组合式商品推荐**：在一个区域中展示一类商品，这一类商品中还主推一款商品。通过顶部
的小分类来切换不同类别的商品，节省了很大的篇幅，如图4-85所示。

图4-85 组合式商品推荐

3. 失败的案例

- **商品混乱**：如图4-86所示的促销区，其商品图类别混乱，且左侧的主推区域没有商品，让人感觉不和谐。

图4-86 商品混乱

- **颜色混乱**：如图4-87所示，促销区中的商品五颜六色，再加上底部的文字颜色，造成颜色过多，使整体看上去很混乱。

图4-87 颜色混乱

- **商品外观类似**：商品展示最忌外观相似，这样顾客很难区别商品间的不同，不便于顾客购买，以及使顾客产生审美疲劳，如图4-88所示。

图4-88 商品外观类似

在给产品包装差不多的商品促销时，如奶粉、尿片等商品的促销，可以在商品旁另外标注尺码、阶段等信息，或者在下方标注具体商品信息，还在下方的文字描述中重点突出不同，如图4-89所示。

图4-89　突出不同

另外，在促销食品、护肤品时，为了区分商品，可以展示商品的细节图，以及它的主要成分，如图4-90所示。

图4-90　展示主要成分

4.6　分类营销设计

分类的主要目的是引导顾客，使他们快速地浏览所需要的商品或信息。

4.6.1　分类图引导

除了导航外，在店铺中间、底部都会有商品分类，以方便顾客及时找到需要的商品，并对其作出引导，给出促销提示。

店铺中的分类图为了节省版面，以及更好地服务买家，通常去繁从简，使阅读无障碍，如图4-91所示。

图4-91　去繁从简

一般服装、鞋包会按性别分类，而其他商品会按照产品类别、价格区间、品牌系列、大小尺寸等进行分类，如图4-92所示。此外，还有按上新时间进行分类的，这种分类适用于上新频率高、上新稳定的店铺，以及有预告上新的店铺。

图4-92 分类

4.6.2 文字分类

文字分类分为竖向和横向两种。

1. 竖向分类

竖向分类简洁明了，顾客通过分类对店铺的商品一目了然。加入热门搜索与搜索条可以帮助顾客快速抵达指定人口，在主推商品旁边加上红色或黄色的标签，会十分醒目，引人注目。对于同类商品，还可以以价格区间来作为分类，如图4-93所示。

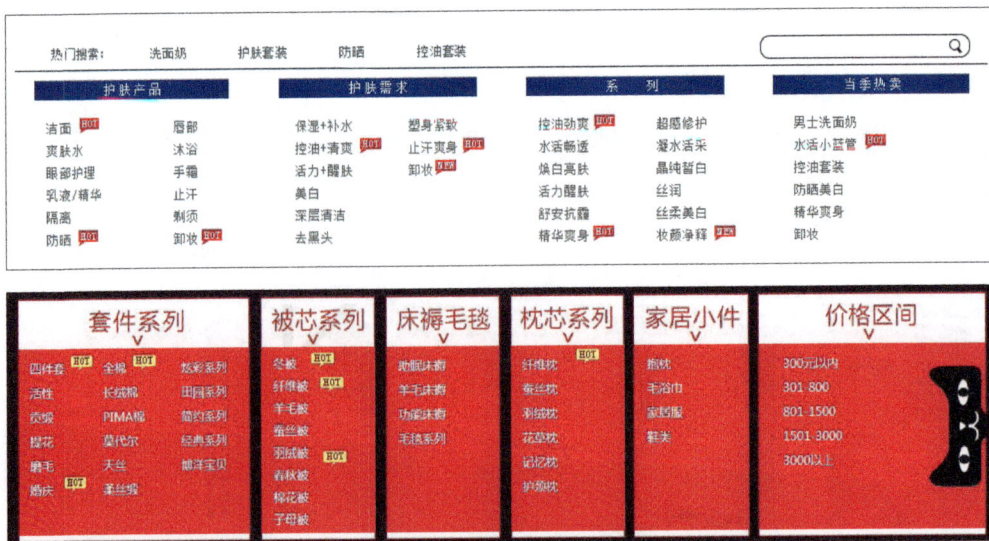

图4-93 竖向分类

通过竖线间隔后分类更加清晰明了，在分类中添加客服中心或者二维码等板块都是常用的手法，如图4-94所示。

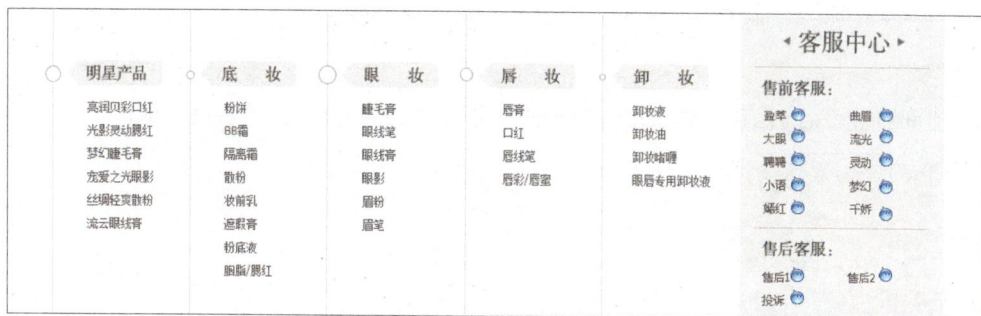

图4-94 添加客服中心

2. 横向分类

当一级分类相对较少时，可以使用横向分类，这样更节省空间，如图4-95所示。

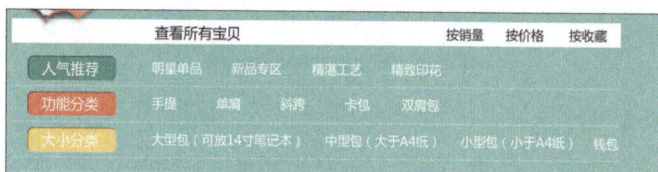

图4-95 横向分类

3. 简化分类

简化分类是展示主推商品的手段，是对当季热门的商品进行分类展示而省略二级分类的分类手法，如图4-96所示。用户点击后可以跳转到首页中对应的分类区，如图4-97所示，也可以直接跳转到分类页。

图4-96 简化分类

图4-97 跳转到对应的分类区

4.6.3　图文分类

图文分类相比纯文字分类更容易吸引顾客的眼球，也更具趣味性。

1. 热销Banner+简单分类

上面的热销Banner是主推活动区，下面的是对商品的简单分类，如图4-98所示。

图4-98　热销Banner+简单分类

2. 小Banner组合

几个Banner图片相拼接的组合，适合于商品分类不多、主推热门分类的店铺，如图4-99所示，这种方式要准确把握店铺商品的热卖程度及搜索指数。

图4-99　小Banner组合

3. 图文简化分类

大幅模特图加上简单的分类文字，这种分类整体感觉简洁，视觉效果强，用半透明的白色底纹将文字突出出来，能吸引顾客，增加点击率，如图4-100所示。

图4-100　图文简化分类

还有一种简化法，是直接将店铺的主打商品作为分类，这样，顾客能一眼识别店铺的主营类目，精确且专业，非常适合有着明确购买目的的顾客，如图4-101所示。

图4-101 将店铺的主打商品作为分类

4. 图文结合

对分类配以相应的图片，丰富顾客视觉的同时，还能让顾客通过图片一眼识别分类。对于不能配图的分类，则以单独的色块进行显示，效果会更突出，如图4-102所示。

图4-102 图文结合

将促销活动、商品与分类相结合，如图4-103所示。

图4-103 将促销活动与分类相结合

对于商品种类众多的店铺，使用前面提到的几种分类都不合适。如果直接使用文字分类，会显得分类太多，顾客无法在第一时间找到需要的商品；如果直接使用图文结合的分类方法，必然会占用很大的篇幅，为了节省篇幅，可以使用如图4-104所示的分类方式，在文字上加上剪影还避免了直接使用文字而带来的单调枯燥以及阅读障碍。

图4-104 在文字上加上剪影

5. 特色分类欣赏

下面的几款特色分类，独具个性，十分吸引人，如图4-105所示。

图4-105 特色分类

4.7 宝贝陈列展示区设计

宝贝陈列展示区是首页最重要的模块，可以帮助买家快速认知店铺宝贝以及影响买家的购买决策。

宝贝陈列展示的要点如下。

1. 商品类别明确

对同类商品进行陈列，可以使商品显得丰富、整洁、美观，并且视觉冲击力强，如图4-106所示。

图4-106 商品类别明确

2. 突出产品

通过背景和商品的对比来突出产品信息。

3. 主次分明

对需要主推的商品或爆款商品采用不同的排列方式，或者通过色彩对比做到重点突出，主次分明，如图4-107所示。

图4-107　主次分明

4. 图文对应

对于混排的宝贝，为避免混淆，描述、价格等信息要与商品对应，如图4-108所示。

图4-108　图文对应

5. 突出价格与购买按钮

价格写法统一，对价格与购买按钮进行放大、加粗或使用对比色，使其突出，弱化不重要的信息，如图4-109所示。

图4-109 突出价格与购买按钮

4.8 首页两侧

首页两侧可以放置二维码、促销信息等内容，首页在不显示左侧模块的情况，可以直接在设计店铺页面背景时添加这些信息，如图4-110所示。作为页面背景时，两侧的信息不能设置链接，因此很多店铺使用悬浮来实现可以点击的目的。

图4-110 在背景添加信息

在悬浮中添加简易分类、优惠券、收藏等信息，如图4-111所示。悬浮的信息可以随着页面滚动而移动，因此在两侧设置悬浮分类也很大程度上方便顾客点击。

图4-111 在悬浮中添加信息

4.9 旺旺客服区

与客户进行互动是和客户培养感情的最基本的方法，互动可以涉及服务的方方面面，如收藏、分享、留言与回复等，最直接的互动当然还是客户与网店客服的直接对话，旺旺模块是为了方便客户在浏览过程中随时有咨询客服的需求而设计的。

1. 特色客服区

有趣、个性的客服区更能吸引人，也能引导顾客点击咨询，如图4-112所示。

图4-112 特色客服区

2. 设置旺旺客服区

制作一个方便且明显的客服区域对网店装修来说是非常必要的，下面介绍如何显示旺旺客服区。

步骤 01 登录进入"卖家中心"后台，在左侧导航栏中的"店铺管理"下单击"子账号管理"链接，如图4-113所示。

步骤 02 进入子账号管理页面，单击"新建员工"选项，创建子账号，如图4-114所示。

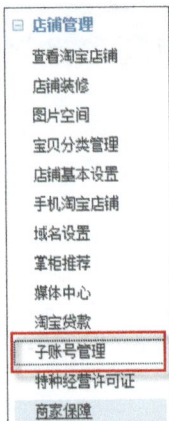

图4-113 子账号管理

图4-114 单击"新建员工"

步骤 03 在"新建员工"页面填写子账号名称、密码，并分配相应的部门、角色等，如图4-115所示。为了确保账号的唯一性，已经存在的子账号名称不能重复创建。子账号名的创建规则同淘宝ID的创建规则一致，不能申请如"客服""小二"等不能使用的字符。随着店铺信用等级的提升，可设置的子账号个数也会增加。

图4-115 创建子账号

步骤 04 在子账号管理页面，单击"员工管理"选项，可以对各个账号进行管理，如新建员工、修改权限等，如图4-116所示。

图4-116 员工管理

步骤 05 单击"旺旺分流"选项，在"分流设置"页面对分流方式和代理账号进行设置，设置完后单击"保存"按钮进行保存，如图4-117所示。

图4-117 分流设置

步骤 06 在"旺旺客服"页面下对子账号的分流权重、比例和状态进行设置，如图4-118所示。

图4-118 旺旺客服分流

步骤 07 在"店铺亮灯"页面下，可以对店铺亮灯是否正常进行诊断，还可以修改亮灯显示，如图4-119所示。

图4-119 "店铺亮灯"页面

步骤 08 单击"修改亮灯"按钮，进入"修改店铺亮灯"操作页面，如图4-120所示，在这里你可以设置显示亮灯的分组和工作时间以及联系方式，设置好之后单击"保存"按钮即可。

图4-120 修改店铺亮灯

步骤 09 修改完之后，单击"进入店铺"查看显示效果，如图4-121所示。

图4-121 亮灯显示效果

4.10 搜索条营销设计

搜索条具备引流的功能，为购买目的很明确的顾客提供了方便，增加了店铺收益的引流。

4.10.1 搜索条的重要性

搜索模块可以让买家通过输入关键词、价格范围来搜索店内商品，在买家想要定位搜索商品信息时起到了至关重要的作用。通常在首页的店招下方、左侧栏、页尾等不同位置都可以看到搜索模块，如图4-122所示。

图4-122 搜索模块

搜索模块的功能就是方便买家快速定位所需商品信息，例如，在关键字一栏中输入"连衣裙"，在价格一栏分别输入"50"和"100"，那么在这家店铺中搜索出来的商品就都是价格范围在50~100元的连衣裙，如图4-123所示。

图4-123 搜索结果

4.10.2 搜索条的位置

搜索条是为了方便顾客而设置的，因此在关键位置上都可以使用搜索条。

1. 店招上

将搜索条添加到店招上，并添加热搜词，也是营销的一种手段，如图4-124所示。

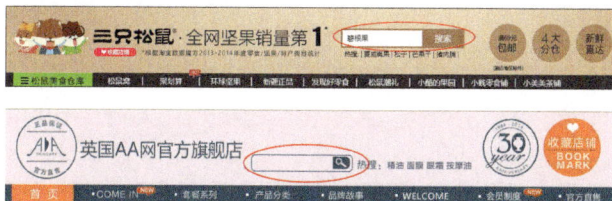

图4-124 店招上

2. 导航栏上

导航栏的区域虽小，但如果分类较少，仍然可以在右侧区域中添加搜索条，如图4-125所示，但不适用于分类较多的店铺。

图4-125 导航栏上

3. 页中部分

页中部分的搜索条一般和分类区、客服区放在一起，如图4-126所示。

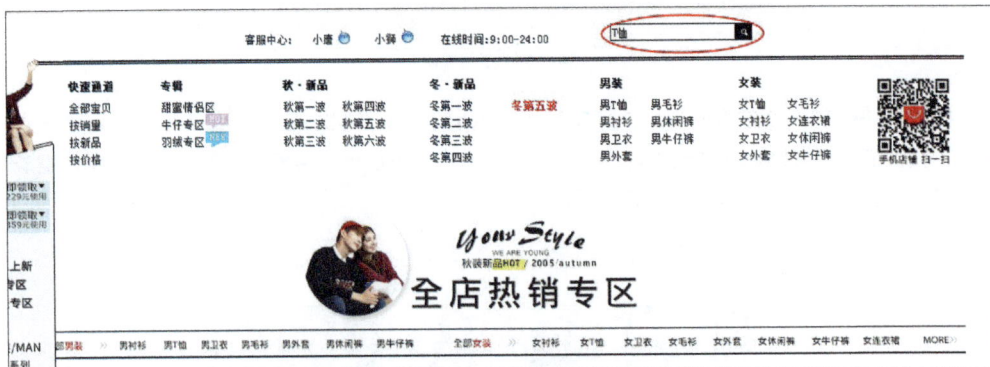

图4-126 页中部分

4. 页尾部分

页尾部分空间较大，放置搜索条是首页最后一个引流手段，如图4-127所示。

图4-127 页尾部分

5. 左侧栏

左侧栏的搜索条一般用于详情页、分类页，如图4-128所示。

图4-128 左侧栏

店铺中的搜索条需要放置在显眼的位置，方便顾客搜索，只要位置合适便能起到很好的营销作用。如果店铺中没有搜索条，或者顾客没有看到搜索条，一般情况下他们会通过顶部淘宝自带的搜索条进行搜索。集市店铺的搜索条默认为搜索淘宝，只有在"淘宝"的下拉菜单中选择"本店"，才会搜索本店，而天猫店铺有两个点击按钮，搜天猫和搜本店，如图4-129所示。通常情况下，大部分的人会点击第一个按钮，这样就造成了跳失。

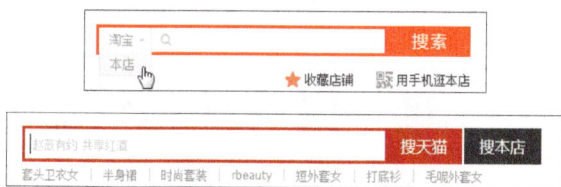

图4-129 淘宝自带的搜索条

4.11 店铺页尾营销设计

如果顾客从头到尾浏览了首页后没有跳转到其他页面，那么页尾是我们进行挽留的最后机会，因此页尾的营销设计十分重要。

4.11.1 页尾案例分析

页尾服务于非目标性客户和新手买家。

1. 服务与互动

当顾客浏览到页尾时，对店铺中出售的商品已经有了大致了解，在页尾中通过"官方正品保证""7天无理由退换货""品质保证"等信息，提升信任感，打消顾客疑虑，如图4-130所示。

图4-130 服务

添加在线客服帮助顾客，顾客有疑问可以直接点击咨询，而不用回到页面上方去找客服，减少了顾客因为麻烦而放弃咨询的可能性，如图4-131所示。

图4-131 添加在线客服

如图4-132所示，通过添加手机店铺二维码、微淘二维码、微博、关注、收藏等模块来实现互动。添加VIP会员服务于老客户，增加客户黏性，也从一定程度上体现了店铺的专业服务，吸引了新客户。

图4-132 实现互动

2. 分类引导

分类将给予更多选择，而对于从产品详情页阅读至页尾的顾客，可以协助顾客更快找到目标产品和促成成交。图4-133所示为几种不同的页尾分类。

图4-133 不同的页尾分类

3. 品牌介绍与扩展

在页面介绍品牌故事可以给顾客了解品牌的机会，增强可信度和品牌认知度，如图4-134所示。品牌扩展是指展示该品牌旗下的其他店铺，给顾客更多选择，将流量引导向其他店铺，如图4-135所示。

图4-134 品牌介绍

图4-135　品牌扩展

4. 大牌简约页尾

对从首页阅览至页尾的顾客，提供"返回页首"链接，让顾客轻松跳转至页头，提升了用户体验，如图4-136所示。

图4-136　大牌简约页尾

5. 特色页尾

特色的页尾在店铺增色的同时，也要秉承视觉营销的理念，如图4-137所示。

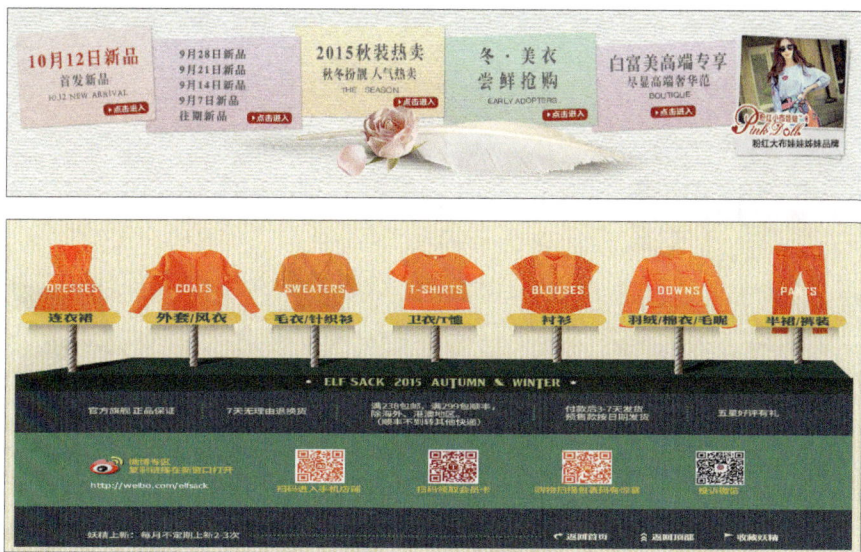

图4-137 特色页尾

6. 页尾设计要点

页尾中包含了很大的信息量，包括店铺申明、公告之类的信息，在方便买家的同时也体现着店铺的全方位服务，其作用不可小觑。店铺页尾设计多使用简短的文字加上代表性的图标来传达相关信息，图4-138所示为一款比较有代表性的页尾设计。

图4-138 页尾设计

通过以上几个方案可以总结得出，一般的页尾包含了以下几点。

● **店铺底部导航**：可以便于用户选择。

● **返回顶部按钮**：在页面过长的情况下，加上返回顶部链接可以方便用户快速跳转到顶部，将流量又引导回首页。

● **收藏、分享店铺**：在页尾添加收藏、分享店铺的链接能方便买家收藏，留住客户。

● **旺旺客服**：便于买家联系客服，更多地解决顾客问题。

● **温馨提示**：如发货须知、买家必读、购物流程、默认快递等信息可以帮助顾客快速解决购物过程中遇到的问题，减少买家对于常见问题的咨询量。

第 5 章

活动专题页营销设计

无论是店铺活动还是淘宝活动，都是需要制作活动页的。活动页是店铺二级页面中使用频率最高、最为重要的页面。活动页需要经常更新，以满足店铺的最新动态，将店铺活动展示给顾客。

5.1 专题页营销

专题页的原型就是自定义页面，它是店铺的二级页面，对自定义页面进行设计制作后，将其添加到导航栏中，如图5-1所示。

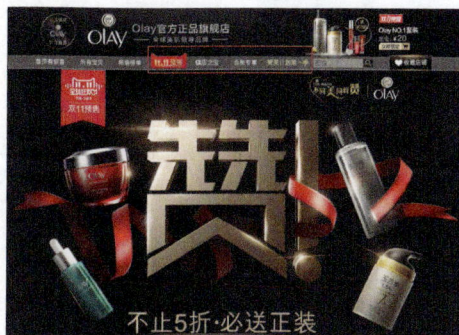

图5-1　导航栏

5.1.1　专题页的营销效果

在淘宝店铺中，专题页能够将大量信息分类展现给顾客。由于它是二级页面，很大程度上减少了首页的繁琐。大型活动时，还可以将活动专题页面设置为临时的首页，如图5-2所示。

图5-2　设置临时的首页

从某种程度上来讲，从导航栏中就可以体会到，专题页比较全面的店铺更加专业，服务更好。活动专题页是营销利器，可以从钻展图、首页海报图、导航菜单等入口实现跳转，从而获得很好的浏量与点击。大篇幅的专题促销对活动起到了推进和引导作用。

专题页更是品牌的延伸，对于需要单独显示的重要信息，可以使用专题页进行详细说明。

5.1.2　专题页分类

按照专题页的功能，大致可以分为三类。

1. 促销型

促销型以让顾客点击和购买为主要目的。一般来说最常见的活动就是专题活动，包括节日专题、店内促销专题、热门话题专题等。促销型专题页集中展示活动商品及活动信息，使顾客对促销产品一目了然，从而提高产品转化。店内促销活动包括店内的各种活动，如新品上市、热卖、清仓、换季等，如图5-3所示。

图5-3 店内促销活动

节日专题型，就是指节日前后的一些专题活动，常见的有情人节、七夕节、圣诞节、中秋节等，如图5-4所示。另外，"双11"既是"光棍节"，也是淘宝一年一度的最大的大促活动。

热门话题型是指以时下热门的电影、综艺节目、网络名词为话题展开的相关活动，如以"爸爸去哪儿"为题的专题，主要的活动商品可以是旅游相关的、户外相关的。也有根据"爸爸去哪儿"而衍生的其他题材，如图5-5所示。

图5-4 节日专题型

图5-5 热门话题型

2. 陈述型

陈述型专题是通过叙说，让顾客以阅读为主，使客户进一步了解我们的店铺、品牌。常见的陈述型页面有品牌故事、会员制度、活动说明等，如图5-6所示。

图5-6 陈述型专题

5.1.3　专题页设计注意事项

下面介绍专题页设计注意事项。

- **合理布局**：对重点商品给予重要的展示位置以及更大的空间。合理布局，引导顾客消费。
- **颜色、元素统一**：内容区域的颜色与专题整体、Banner元素要相互结合设计，做到统一，如图5-7所示。

图5-7　颜色、元素统一

- **突出价格**：对价格与折扣信息进行突出，对不重要的信息进行柔化，如图5-8所示。
- **忌盲目添加标签**：在活动专题页中添加重点标签可以引人注意，但不能盲目地过多地添加标签，否则会带来不好的效果。

图5-8　突出价格

● **避免混乱**：活动专题页中商品摆放会比较随意，页面留白较多，给人很舒服的浏览环境，但需要避免商品与文案的混乱，一般以箭头指示文案相应的商品，如图5-9所示。

● **首尾呼应**：专题页和首页一样，都要做到有头有尾，首尾呼应，如图5-10所示。

图5-9 避免混乱

图5-10 首尾呼应

5.2 活动页营销设计

为了达到活动的预期效果，就必然要对活动页面进行营销设计。

5.2.1 失败的案例

没有营销效果，或者营销体验不好的活动页就是失败的。没有设计过的活动页面失去了营销的功能，俨然就是一个分类页，如图5-11所示。

图5-11 没有设计过的活动页面

上图中直接使用系统默认的商品展示模块，商品自动水平排列，无法显示出重点推荐，不能吸引顾客目光，这样的活动页面不利于营销。

5.2.2　活动页布局

下面介绍不同的店铺活动页如何布局。

1. 常见布局

常见的活动布局是比较随意的，没有刻定的章程，但多数都会有以下这些模块区，如图5-12所示。

图5-12　常见的活动布局

- 海报：以大海报交代活动主题、活动内容等。
- 礼品/优惠券区：以礼品吸引顾客，优惠券领取促成顾客交易。
- 主推商品：对于主推商品，以较大区域突出显示，并注意商品之间的留白。
- Banner+商品区：以"Banner+商品组合"显示其他活动商品。
- 页尾：通过页尾跳转至页头，实现引流。

2. 情节布局

情节布局好像是陈述故事，通过完整的线路引导顾客浏览完整个页面，如图5-13所示。

- 线路图：以S形或直线、斜线为线路，引导顾客的浏览视线。
- 主题：整个页面就是一个完整的主题，以海报为引线，直至页尾。在页中添加相关的主题元素，使之形成整体。
- 简化文案、突出价格：以商品图为主，放大图片，缩小文字，并简化文案内容，突出价格与购买按钮。

图5-13 情节布局

3. 活动商品多的布局

在店铺大促销时，店铺活动商品很多，这时候的布局可以借鉴淘宝官方活动的布局，如"双11"预售，如图5-14所示。

图5-14 活动商品多的布局

- **页头海报**：在页头使用大海报表明活动主题、内容，并渲染出活动气氛。
- **活动分区**：商品过多时使用分区是很好的方法，在分区中做细微的变化，如购买按钮、改变颜色等，可以减少页面的单调感。
- **使用Banner、分类条分隔展示**：如图5-15所示，分类Banner可以提前预告页面的其他内容，使用这种方法保持顾客的兴趣，也方便顾客跳跃查看感兴趣的类别

图5-15 使用Banner、分类条分隔展示

- **页尾**：页尾使用Banner组合，使用较大区域获得关注，实现最大化引流，如图5-16所示。

4. 活动介绍页布局

在活动开始前对活动进行介绍，常见的有活动攻略、活动流程等，如图5-17所示。活动介绍页面只起到公告的作用，少添加或不添加商品。

图5-16 页尾

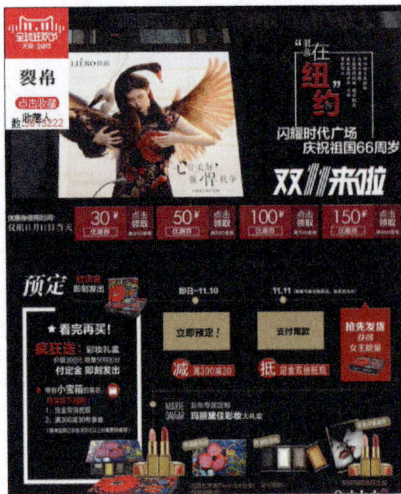

图5-17 活动介绍页布局

这种页面布局多样化，不需要遵循任何原则，也没有限制条件，只需要将活动清晰直接、简明扼要地讲出来即可。文案做到精简提炼，如图5-18所示的"双11"预售的活动就是对活动流程进行精简提炼后，配以流程图来介绍的。流程图分为横向和竖向两种，图5-18所示为竖向流程图。

图5-18 "双11"预售活动流程

146

图5-18 竖向流程图

从上面案例中可以总结得出，活动页布局需要注意以下的问题。

● **明确活动区域**：用Banner或分类条将不同的活动区分开，这样有利于顾客选择商品，以及在不同的区域之间进行跳转。

● **合理展示商品**：对商品进行合理的布局展示，主推商品使用大图展示，更能吸引注意力，加大营销力度。

● **多种组合方式结合**：使用不同的组合排列方式，能在较长的页面中避免单调枯燥引起的视觉疲劳，不断给顾客新鲜感，刺激其兴趣，使其不断往下浏览。

● **有效展示折扣信息**：在最佳位置显示折扣信息，通常在第一屏和第二屏上展示。

● **页尾引流**：页尾是营销的最后一步，将流量引至页头或其他页面。

● **控制页面长度**：页面过长往往会造成顾客的跳失，因此需要控制活动页面的长度。

5.3 活动页氛围渲染

在活动页的首屏添加海报文案，可以很好地渲染活动氛围，并能快速抓住顾客的眼球。只有文案的首屏氛围较弱，但可以使用颜色来制造营销感，如图5-19所示。

图5-19 用颜色来制造营销感

1. 营造大牌感

用大牌产品、大牌明星作为素材，渲染大牌云集的感觉，设计文案来营造活动氛围，如图5-20所示。

图5-20 营造大牌感

2. 营造急促氛围

急促氛围除了使用闪电、发光等元素外，文案是最直接的表现，"抢""秒杀"等词汇本身就具有急促的感觉，再加上文字的设计，突出了这种氛围，如图5-21所示。

图5-21 营造急促氛围

相比较而言，红色相比其他颜色的急促氛围更浓，红色不仅表达出热血澎湃的兴奋感，也表现出促销的喜庆之意，如图5-22所示。

图5-22　红色的急促氛围更浓

3. 营造狂欢氛围

使用缤纷亮丽的色彩、搞怪的素材及变形的文字营造出狂欢的气氛，如图5-23所示。

图5-23　营造狂欢氛围

一般使用发光的灯光、文字，或模拟霓虹灯、聚光灯效果，如图5-24所示。

图5-24　灯光效果

5.4 精彩案例欣赏

下面展示几款精彩的案例，我们可以从这些案例中学习活动营销的方法，包括元素、配色等所有能体现营销的细节。

第 **6** 章

详情页与分类页营销设计

顾客从搜索页进入店铺时打开的就是宝贝详情页，宝贝详情页是购买时必须打开的页面。顾客在购买前在详情页停留，翻阅，最后决定咨询、下单等。因此，详情页是决定买家购买的关键因素，详情页的营销设计是至关重要的。

6.1 详情页营销功能

商品详情页通常担负着比首页更多的转化率责任，它直接面对客户，要经受客户的反复对比和推敲，是决定客户对产品产生信任的关键。除此之外，为了增加说服力，商品详情页中往往还要展示品牌实力、售后服务等。

6.1.1 分析客户

进入详情页的顾客分为三类，根据这三类顾客我们可以得出详情页的营销功能。

1. 潜在需求

有些顾客没有什么购买目的，看到一个比较喜欢的产品就点进来看看。这类顾客的随意性很大，但能点击进来代表着还是有一些潜在需求的。因此在详情页中只要引起顾客的兴趣，刺激需求，就能将这种潜在需求变成购买需求。

2. 随便看看

有些店铺为了获得流量，会使用一些另类的图片吸引买家点击，如图6-1所示。但是这些图吸引的只是随便看看的顾客，这只是一种满足好奇心的行为，一般不会产生购买行为。

图6-1 另类的图片

3. 感兴趣有需求

通过搜索对比后点击进入详情页的顾客，说明了他们对商品是感兴趣的，或有需求的，我们的详情页页就是为这些既有需求又有兴趣的顾客设计的。

6.1.2 详情页视觉营销的表现

详情页视觉营销的表现包括引起客户关注、吸引客户兴趣、树立网店形象等方面。

1. 引起潜在客户关注

从某种程度上来说，店铺吸引了多少眼球，就会有多少潜在顾客，就等于增加了多少流量，因此流量转化的第一步是要引起潜在客户的关注，也就是尽可能提高商品或店铺的展现量。提高宝贝展现量的方法很多，如直通车、钻展、淘宝客等，最基本的是要让店里的商品尽可能多地出现在淘宝搜索列表框。如图6-2所示，当搜索"精油"时，在列表框的第一行有三个都是阿芙的，这样阿芙的点击率自然就比其他店铺的高，这是淘宝搜索优化的知识范畴。

图6-2 淘宝搜索列表

2. 引起客户兴趣

买家关注到你了，但这还不够，还要引发他们的兴趣和购买欲望，这就是宝贝描述页的任务了。引起买家兴趣的可能是产品热销盛况、产品升级，或者是买家的痛点等，如图6-3所示就是先以限时促销价格引起客户兴趣的。

图6-3 引起客户兴趣

3. 树立网店形象

在买家心目中成功地树立网店形象，可以增加消费者的复购率，比实际成交一笔订单所取得的收益更大，展示资格证书、实体店面，介绍品牌或者做出售后承诺是网店树立形象的常用做法，如图6-4所示。

图6-4 树立网店形象

> **提示**
> Tips
> 流量转化的过程实际上是指将流量转化为有效流量再到忠实流量的过程，也是消费者从认识商品到改变态度再到产生购买行为的过程，这个过程也包含了视觉营销。

6.2 详情页中的信息

一个好的详情页就好比一个好的销售员，通过对产品进行展示、描述来获得买家的认可让其购买。

6.2.1 详情页模块

详情页就像是详细的产品说明书，一个完整的相应页包含了很多信息，如图6-5所示。

宝贝详情页是打开宝贝后对宝贝进行展示与介绍的页面，图6-6所示为默认宝贝详情页面。

图6-5 详细页包含的信息

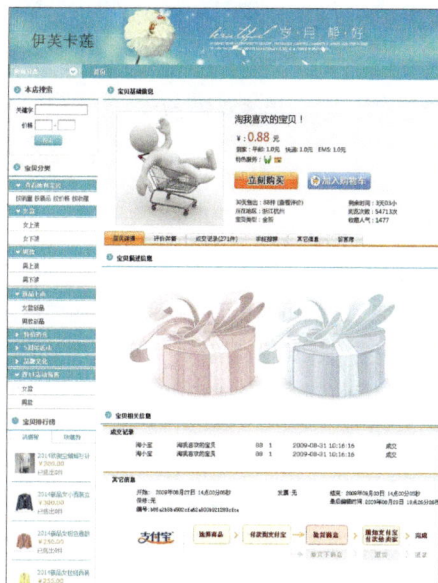

图6-6 默认宝贝详情页面

一个宝贝详情页通常包括以下几点。

1. 左侧模块

左侧模块通常会用来添加联系客服、宝贝分类、宝贝排行榜等信息。在左侧模块中可添加"自定义内容区"模块来丰富详情页，并能合理利用店铺每个角落。每个宝贝详情页的左侧模块都是相同的。

店铺的左侧栏也是可以利用的营销宝地，虽然首页装修越来越少地使用左侧栏，但是，一般而言，详情页和分类页中的左侧栏是默认显示的，在装修时也是必须装修的区域。左侧栏可以加入营销模块，如小二维码、Banner及单品推荐，如图6-7所示。

图6-7 左侧模块

详情页的左侧栏添加Banner可以展示商品详情，提供更多选择，如图6-8所示。

图6-8 添加Banner

2. 右侧模块

宝贝详情页的页面右侧模块为主要展示区，用来展示宝贝，宽度为750像素，高度自定。右侧固有的"宝贝描述信息""宝贝相关信息"模块都不可删除也不能编辑，可以在右侧模块中添加"自定义内容区"模块。对于不同的宝贝，详情页的右侧模块区域均不同。

■ 宝贝描述信息

宝贝描述信息的内容是在发布每款宝贝时填写的内容，如图6-9所示。手机店铺的宝贝描述需要另外发布，如图6-10所示。

图6-9 宝贝描述区

图6-10 手机端宝贝描述

当然，对出售中的宝贝也可修改宝贝描述信息。在"出售中的宝贝"中选择宝贝后的"编辑宝贝"按钮，如图6-11所示，单击即可跳转到修改页面。

■ 宝贝相关信息

宝贝相关信息用来显示宝贝的成交记录，该模块不可删除不可更改。

图6-11 单击"编辑宝贝"按钮

6.2.2 宝贝描述内容

在网店中，宝贝描述就是导购员。宝贝描述的内容是自己设计的，一般包括以下的内容。

1. 商品展示

对商品进行色彩、细节、特点、卖点、包装、搭配等展示，是详情页中最基本的一项描述。图6-12所示为服装商品的展示。

图6-12 服装商品的展示

- **商品信息**：包含了面料成分、版型、厚薄、柔软等参数，帮助顾客综合判断衣服是否符合自己的需求。详细的尺寸表，是服装类目必需的信息，有利于顾客判断衣服是否符合自己，进行自主购买，减少不必要的咨询。
- **模特展示**：模特正面、侧面、背面等多角度的展示，有助于顾客直观地了解衣服的上身效果。
- **平铺细节**：细节图能帮助顾客近距离观察衣服的面料质感、做工精细度以及五金等细节。

2. 实力展示

实力展示通常是指对品牌、荣誉、资质、销量、生产、仓储等多方面的展示，这些信息能给顾客一种信任感、认同感。图6-13所示为某皮鞋详情页的实力展示。

图6-13 某皮鞋详情页的实力展示

3. 吸引购买

通过产品卖点来吸引消费者，如图6-14所示。

图6-14 产品卖点

4. 交易说明

对商品的质保问题、退换货及其他特殊服务进行解释说明，这样可以让顾客记住店铺的优势，而对比后一般会选择服务好的店铺。图6-15所示为交易说明。

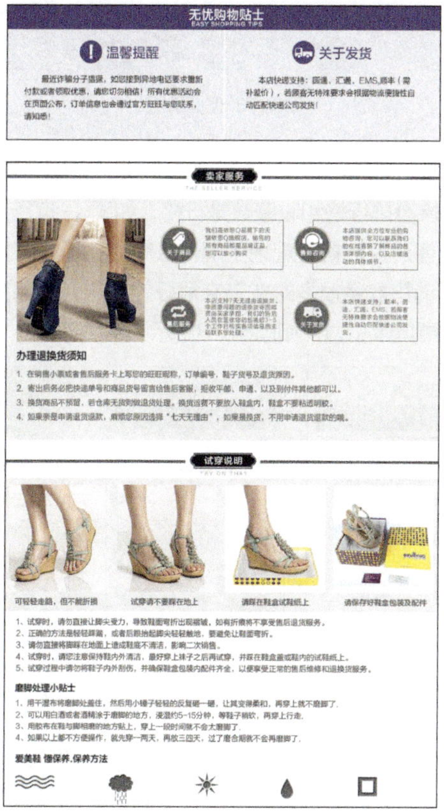

图6-15 交易说明

5. 促销说明

对热销商品、商品搭配、促销活动及优惠信息进行说明，如图6-16所示。展示热销商品，可将流量引导至其他宝贝页面上去。促销活动可以吸引顾客点击，促成顾客购买更多商品。

图6-16 促销说明

6. 宝贝排行榜

默认宝贝排行榜包括销售量排行榜和收藏数排行榜，如图6-17所示。使用宝贝排行榜可以营造出商品热销的氛围，让顾客通过数据直观地了解什么商品卖得好，从而引发羊群效应。使用排行榜需要注意的是，当商品销售数量很多时能带来很好的效应，而当商品销售数量很少时则会产生反作用。设计后的排行榜更具吸引力，如图6-18所示。

图6-17 默认宝贝排行榜   图6-18 设计后的排行榜

6.3 详情页布局

根据详情页的模块进行详情布局，吸引顾客一直看下去。

6.3.1 通用型布局

大多数商品的详情页布局都大同小异，在详情页中最常出现的模块有以下几种。

1. 宝贝整体展示模块

用户购买宝贝时主要看宝贝展示部分，宝贝整体展示模块的作用就是让客户对宝贝有一个直观的感觉。通常这个部分是使用图片来展现的，分为摆拍图和场景图两种类型。

摆拍图能够最直观地展示产品，拍摄成本相对较低，大多数卖家自己也能够操作。摆拍图的基本要求就是能够把宝贝如实地展现出来，通常需要突出主体，讲究干净、简洁、清晰，因此最好采用纯色背景来凸显宝贝，如图6-19所示。这种拍摄手法比较适合家居、数码、护肤、鞋、包等小件物品，采用模特拍摄的话反而会喧宾夺主。

场景图能够在展示宝贝的同时，在一定程度上衬托宝贝，但通常需要较高的成本和一定的拍摄技巧。这种拍摄手法适合有一定经济实力，有能力把控产品的展现尺度的卖家，因为要引入场景，运用得不好，可能会增加图片的无效信息，分散了主体的注意力。场景图需要体现出产品的功能，要可以衬托商品，而不是影响商品展示，如图6-20所示。

图6-19 摆拍图

图6-20 场景图

2. 宝贝细节模块

在宝贝整体展示模块里，客户可以找到对产品的大致感觉，但让客户熟悉商品才是对最后的成交起到关键性作用的一步，这时宝贝细节模块就要开始发挥作用了。细节的阐述比较考验文案挖掘功底，要找出同类相关产品，互相结合优势，尽可能地剖解描述，这样消费者更容易对你的产品有更深入的了解。细节模块是让客户更加了解这个商品的主要手段，所以要尽可能地展示商品的材质、细节、做工等问题，如图6-21所示。

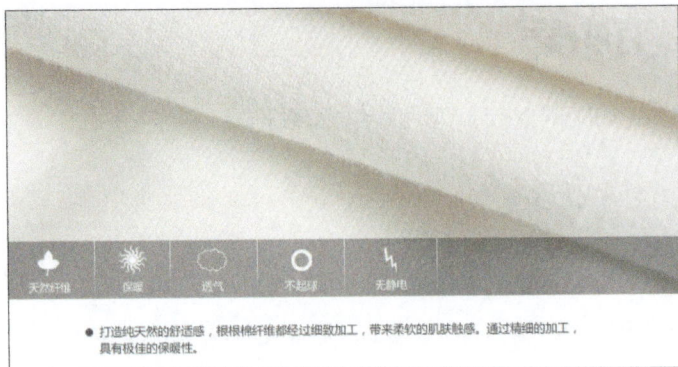

图6-21 宝贝细节

3. 产品规格参数模块

因为图片在拍摄的时候没有参照物，所以经常有买家在收到商品之后发现跟预期的相差太多而要求退货。因此我们需要加入产品规格参数的模块，如此才能让客户对宝贝有正确的预估，这一点对于服装鞋帽行业尤其重要，如图6-22所示。

图6-22 产品规格参数

4. 功能展示模块

和细节模块类似，功能展示模块的主要作用是对宝贝各个功能做详细的解析。因为图片是静止地展示商品的使用情况的，所以需要在图片上对宝贝的其他功能做更详细的说明，时下最流行的说明方式是看图说话，不仅能够进一步展示细节，还能对细节进行补充说明，如图6-23所示。这样能大大地提高用户对宝贝的认知，但是这种形式要求设计师有非常高的图片处理能力。

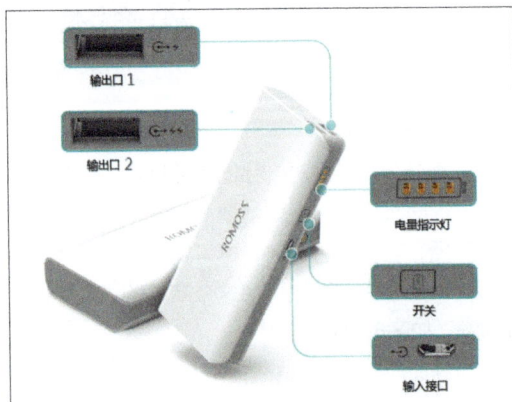

图6-23 功能展示

5. 关联营销模块

　　几乎每个店主都知道要在商品详情页做关联搭配，但是关联搭配要怎么做效果才好？关联推荐的宝贝切忌胡乱堆砌，要根据营销的目标选择商品。关联营销主要有以下两种。

● 客户对宝贝不认可的时候，推荐相似的另外几款。客户既然点击到这个宝贝，那么就说明对这个宝贝还是有部分认同的，因此推荐相似款，能够在一定程度上挽回这次交易，如图6-24所示。

图6-24　推荐相似款

● 当客户确定要购买这件宝贝的时候，推荐与之搭配的另外一个宝贝，吸引客户再购买更多的宝贝，提高成交的客单价，如图6-25所示。客户在确定购买一个宝贝的时候，会下意识地降低邮费成本，那么多选购几个宝贝就是不错的方法。

图6-25　套餐搭配

6. 活动信息模块

　　详情页面里的宝贝促销信息，能够在用户的购买决策中起到临门一脚的作用，如图6-26所示。

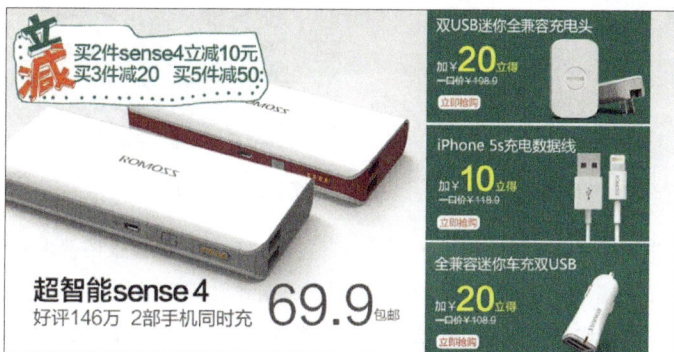

图6-26　活动信息模块

7. 搭配展示模块

现在客户在淘宝购物时已经不仅只满足于购买商品，而是需寻找自己的风格，大多数人对于搭配的感觉并不是很敏锐，因此他们更相信专业店主的搭配推荐，如图6-27所示。一旦买家接受店主推荐的搭配风格，那么这个客户很可能就会成为店铺的长期忠实客户。

图6-27 搭配推荐

8. 客服体系模块

完善的客服体系包括售前咨询、售后服务、问题投诉等一整套沟通渠道，让客户找到对的人问该问的问题，能够极大地提高客服工作效率。也许普通店铺的流量并没有达到需要分客服体系的地步，在店铺模板里也可以直接点击旺旺，但是在页面里合适的位置放置咨询旺旺能够更快地将客户的购买意识转化为交易，如图6-28所示。

9. 品牌展示模块

品牌展示就是将品牌信息引入到宝贝描述里，从而表明你店里的宝贝是有别于其他店铺普通宝贝的，如图6-29所示。品牌气氛的营造对于帮助消费者对你进行再次记忆，进行二次购物都有很好的效果。

图6-28 客服体系模块

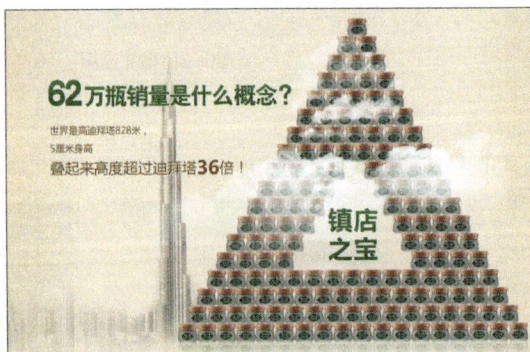

图6-29 品牌展示

> **提示 Tips**
> 如果是功能性商品或者珠宝玉器等贵重物品，最好能展示能够证明技术实力的资料，或者能够证明不是虚假广告的文件，或者展示商品制作过程，以此来提高可信度。如果有电视、报纸等新闻媒体的报道，那么收集这些资料并展示给顾客看或者进行同类产品对比都是一种很好地塑造价值信任感的方法。

10. 包装展示模块

包装也是网上店铺体现服务质量的一个重要组成部分，一个好的包装还能体现店铺的实力，给买家放心的购物延续体验，如图6-30所示。

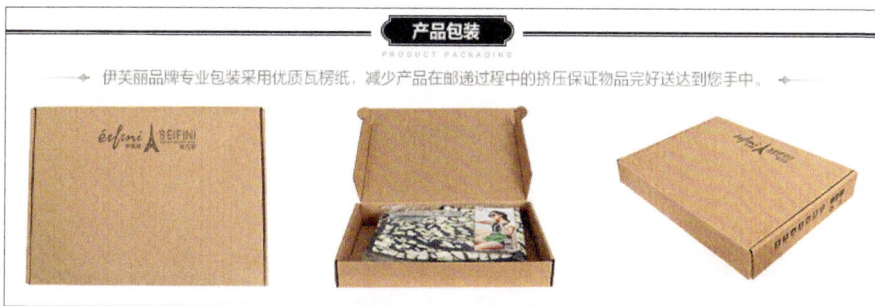

图6-30 包装展示

11. 店主个性模块

店铺是需要灵魂的，我们可以发现，但凡成功的店铺都有自己的独特性格，这种个性我们也可以进一步理解为品牌文化。在标准化的宝贝描述页面中，加入店主的个性阐述，能够达到意想不到的效果。有个性的文案描述，或者阐述店主推荐宝贝的理由，某种程度上都是卖家试图和买家之间进行沟通，并且建立一种相互的认同感的方法，如图6-31所示。

图6-31 店主个性展示

12. 会员营销模块

未来淘宝的竞争是客户之争，留住来访的每一个客户，积累好自己的用户群体，是当前竞争的核心环节。目前积累自己客户群体最主要的手段就是会员营销，组建粉丝群、开设各种会员活动、提供会员优惠等都是常用的会员营销方法。有些店铺会在商品详情页面展示会员福利，还有些店铺会专门开辟会员专区页面，对会员福利进行详细阐述，如图6-32所示。

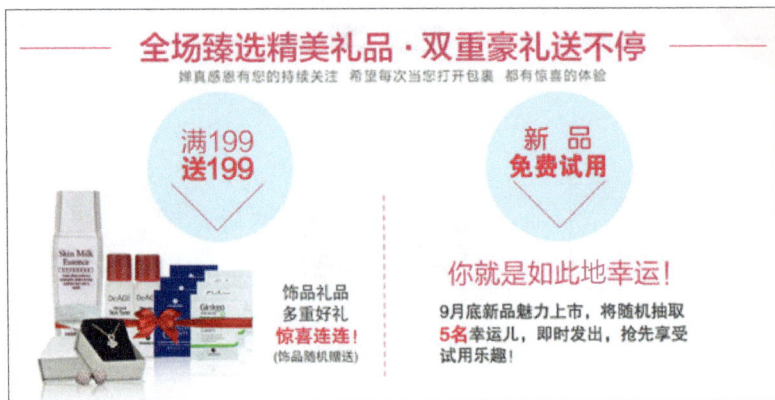

图6-32 会员营销

6.3.2 营销型布局

营销型的详情布局是在通用型布局的基础上添加营销内容，如首屏以广告图代替普通的商品整体图，使其更具营销效果，如图6-33所示。

图6-33 营销型的详情布局

将商品的卖点图文并茂的展示，而不是简单的罗列。如图6-34所示，细节与卖点相结合，将简单的细节图打造成更具营销效果的卖点图。

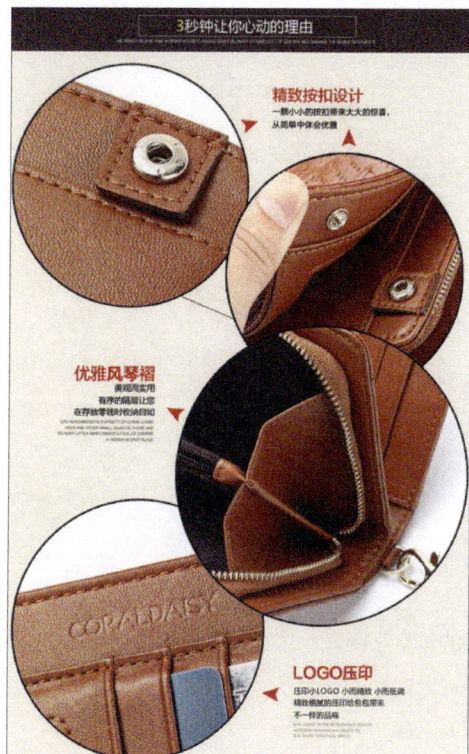

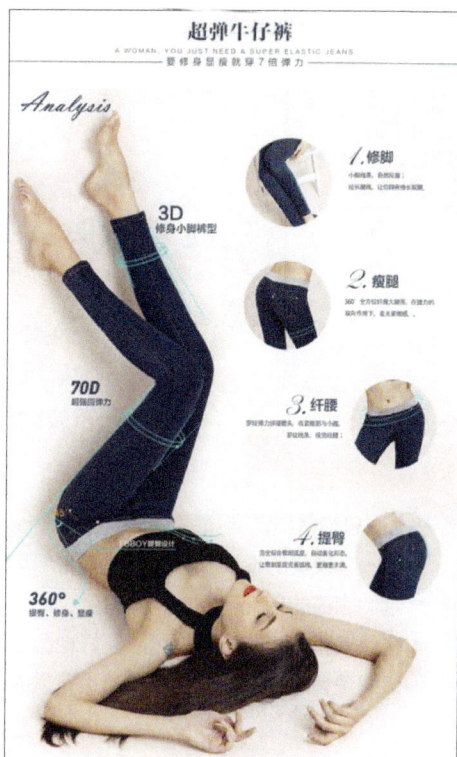

图6-34 细节结合卖点

　　将商品的功能、材质、说明等商品属性参数与产品相整合，将众多信息压缩整合，优化阅读，如图6-35所示。

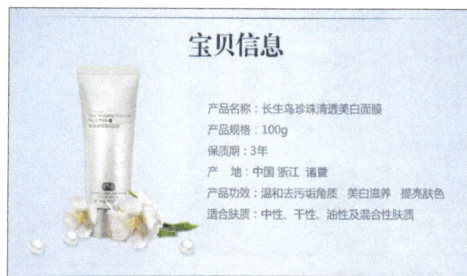

图6-35 商品属性参数与产品整合

不是简单地罗列卖点、特征，而是从消费者的角度出发，展示利益点和场景图，如图6-36所示。

图6-36 以利益点和场景图展示卖点

1. 详情页营销设计要求

从上面总结得出详情页营销设计要求。

● 每一个模块的设计都旨在向消费者尽可能多地传递商品信息。

● 延伸店铺的品牌形象。

● 在风格和细节的设计上可以更好地凸显商品的与众不同。

● 让消费者可以深刻探寻到详情页背景的故事。

2. 布局误区

下面对营销型布局的几个误区进行简单说明。

■ 详情页图片越多越好

我们都知道，图片的视觉展现与营销效果都比文字要好很多，但是很多店铺的详情页会出现这种情况，即对同一类型的图片进行重复堆砌。一件商品展示多个角度可以帮助顾客全面了解商品，但是如果使用多张图却只是展示了商品的正面，不仅浪费了篇幅，也给了顾客不好的体验。如图6-37所示。正确的做法应当是用最短的篇幅、最合适的阅读速度，让顾客看到最全面的信息。

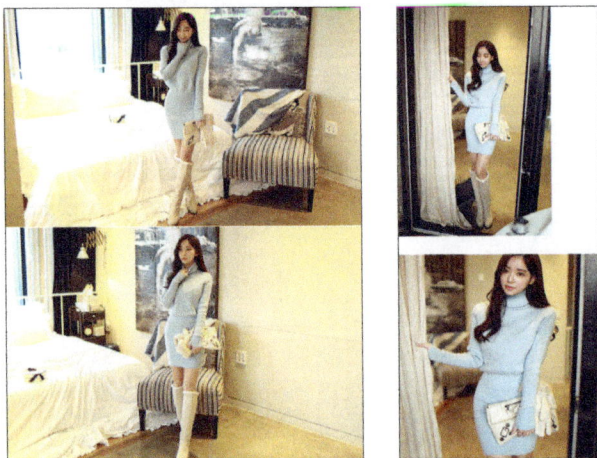

图6-37 多张图只展示了商品的正面

■ **页面信息越多越好**

前面介绍了详情描述模块，但是不是这些模块都用上比较好呢？其实这需要根据自己店铺的特色和实际情况，在扬长避短的原则下进行适当组合和运用。模块间的相互组合要分清主次，有的模块是整个宝贝描述的最主要的部分；有的模块则是担当修饰的作用，让宝贝看上去更加的诱人，给人更多的购买理由。

通常来说，标准化产品，如3C数码、手机、相机、电脑等类目的商品，价格较高，客户购买相对比较理性，对商品的功能需求关注度非常高。这就要求卖家在进行宝贝描述的时候，要丰富和详细细节展示、宝贝参数、功能展示这几个模块的信息内容，这几个方面的信息越多，越能吸引卖家的注意力。

对于非标准化产品，如女装、包包、饰品等类目。客户在购买商品的时候，冲动消费的影响因素对于买家购物的影响更大一些。这个时候，就需要格外强大的宝贝展示模块，场景图、氛围烘托图能怎么抓住目标群体的眼球就怎么拍。淘宝店主个性展示模块，能做好的要尽量做好，用户对店铺的认可越多，店铺的发展前景越好。

■ **模特图越多越好**

服装类的商品使用模特图会更容易吸引消费者，但是过多的图片会造成一种情况。即，当顾客滚动页面查找尺码表时，上面的图片还没有全部显示，当滚动到尺码表的页面时，上面的图片开始一张一张跳出来，结果尺码表又不知到哪去了，只好重新滚动页面查找，带来很不好的用户体验。这是很多服装店铺犯的错误。

6.4 详情页设计分析

无论商品详情页面的设计采用何种风格或方式，都应当站在顾客的立场上考虑问题，不管是把顾客要挑选的商品显示出来，还是注意商品图片和实物的差异性，都是为了给顾客提供更大的便利。

6.4.1 爆款商品详情页面

分析一些热销商品的详情页面，我们发现处处都彰显着店主的良苦用心，从他们的商品页面中，可以总结出一些共有的特点。

1. 页面生动有趣

页面做得好，并不取决于其长度，而是内容。与短页面相比，长页面虽然可以显示更多的商品，但也容易使人感到厌倦。以服装产品为例，特别是女装卖家，整体图、模特图、效果图动辄几十张，很容易将商品描述中的图片堆砌得特别多、特别长。图片确实很重要，但是我们也要考虑到，顾客更关注什么，如大码女装的顾客最关注的肯定是尺码，尺码合适才会去看图片。而现在很多卖家将尺码放在所有图片的下面，也就是说，当顾客用鼠标往下拖时，整体图、细节图、模特图，这么多图片，一张一张地出现，好不容易看到尺码表了，还没看清，前面的图片又刷新跳出来，又把尺码表往下挪了，这样顾客的体验就特别不好。

让顾客耐心读完一个三米长的商品描述是特别困难的，因此商品页面的设计必须使顾客在购物过程中保持新鲜感。结构上要展示商品并搭配商品各种照片，不断与顾客交流，另外就是应该使用顾客喜欢的语言展示顾客想看的图片，生动的照片、亲切的文字、自由的版式设计、轻松愉快的氛围等，都可能使顾客愉快地下拉滚动条。如果不能做到完全有趣，那么就不要盲目追求长页面。

2. 准确详细的商品信息介绍

在网上做买卖，最重要的是如何把自己的商品信息准确详细地传递给客户。

● 商品图片不能反映的信息，如材料、商品性能、产地、售后服务、生产厂家，以及对于较同类产品有优势和特色的地方一定要详细地描述出来。

● 商品描述一定要精美，要能全面概括商品的内容、相关属性，最好还能介绍一些使用方法和注意事项，更加贴心地为客户考虑。

● 注意服务意识和规避纠纷，一些顾客平时很关心的问题，如有关商品问题的介绍和解释等都要有。

● 可以使用"文字+图像+表格"的方式来描述，这样便于买家更加直观地了解商品，增加购买的可能性。

3. 通过图片直观展示商品实际大小

在说明商品尺寸时，虽然标明准确的数值很重要，但最好同时展示更为直观的图片对比，如图6-38所示。很多服装类卖家用真人模特进行拍摄，并且标明模特身材和商品尺寸也是这个道理，这样的拍摄方式不仅能够让顾客了解商品的实际大小尺寸，还能更好地展示商品的线条和样式，甚至是商品的质感。

图6-38 直观展示商品实际大小

在挑选模特时要注意尽量选择适合衣服气质的模特，不能随便找个人来穿上就拍，那样会影响部分服装的展示效果。

4. 引导购买

顾客买了一件商品时，就总会想着再找到和这件商品搭配的附属商品，如买件衣服就还想买个搭配的裤子，但是让他们自己去逐个搜索，既浪费时间，又不能省钱。于是卖家把几个相关商品搭配组合成套餐，如护肤品组合、数码套餐、服装搭配等，买家购物时可以灵活选择套餐中的任意几个商品购买，套餐的总价低于原商品一口价的总和，搭配套餐起到的就是这样一种引导购买的作用。

5. 文字清晰易读

文字在商品描述中虽然主要是为了传达信息，但同时也可以作为设计要素，与图片同时使用的文字既能吸引顾客的注意，也会使页面更加生动亲切。如果要准确快捷地传达信息，文字就需要具有很强的可读性，使用大号字体或醒目的颜色，是提高文字可读性最基本的方法。如果文字内容较多，则需要留出足够的空白来分段。如图6-39所示，在深色背景上使用白色字体，并且以类似表格的形式将几段文字内容分隔开来都提高了页面中文字的可读性。

图6-39 文字清晰易读

6.4.2 人气商品页面设计理念

对于网店设计来说，设计要处处为顾客着想，那么什么样的商品页面会让顾客看到时更有购买的欲望？

1. 营造良好氛围

即使销售的不是高端商品，也应当在页面氛围的塑造上多花些心思，尽可能地把商品本身的特点充分体现出来，让气氛直达消费者心里，激起他们购买的欲望。例如，对于节假日而言，最重要的就是营造节日的气氛；如果店铺正在促销，营造一个火热的促销氛围就很有必要。图6-40所示的这套婚庆床上用品的描述页面就非常有喜庆的氛围，让目标消费者看了增添很多好感。

图6-40 营造氛围

2. 注重细节展示

很多新手卖家都不注重细节图的拍摄，甚至干脆就没有细节图，这样是很难让买家信任商品的。即使是同一件商品，随着颜色和尺寸的不同，人们的感觉也常会有很大的差异。对于买家想要了解的内容、商品的特别之处都要拍摄细节图，认真、详细、如实地介绍给买家，不要一概而论，买家看得越清楚，对商品产生的好感和购买欲望也就越大。例如，服装类商品可以拍摄的细节有吊牌、拉链、线缝、内标、Logo、领口、袖口、衣边等。

3. 设计从客户视角出发

在确定了商品所针对的客户群后，商品页面设计最好就要迎合客户的眼光，不仅要让商品为客户所认同，还要为客户搭建一个共有的空间，例如，使用客户认可的语气、喜爱的颜色、崇拜的模特等。你与客户的距离越近，就越能制作出成功的商品详情页。如图6-41所示，这家童装店页面既有童趣，又解答了妈妈们关心的问题。

图6-41 设计从客户角度出发

4. 不要让其他装饰要素喧宾夺主

有的卖家为了使页面看起来更丰富美观，喜欢使用各种手段吸引顾客视线，如在页面中添加眼花缭乱的效果，或者使用过重或过多的色彩，或者是随意放置一些不相关的图片。当这些装饰要素过分吸引眼球的时候，本应突出的商品就会被埋没。在设计商品详情页时要考虑是否一定要使用某些效果、色彩或图标等要素，如果需要，则要考虑加入多少、按什么比例分配比较合适。如图6-42所示，该页面没有花哨的装饰，只以白色和浅灰色为背景，文字也只使用黑色，这种设计不仅使整个商品详情页面显得整洁，就连商品也变得雅致起来。

图6-42　装饰素雅

6.4.3　详情页案例展示

　　淘宝上很多大卖家的详情页做得很好，我们可以分析他们详情页的优点，然后结合自己店铺的商品制作详情页，下面展示两个详情页的部分截图。

6.5 分类页营销区

默认的宝贝分类页面是左右布局的，如图6-43所示。当顾客点击进入分类页时，我们可以利用分类页顶端的广告位进行营销设计。

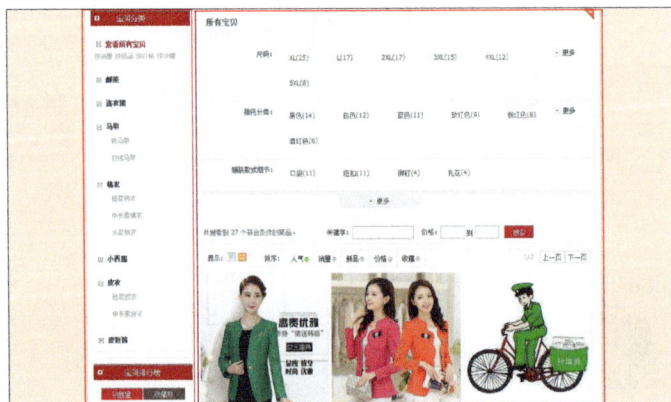

图6-43 默认的宝贝分类页面

有些将广告位放置在右侧，如图6-44所示。而些将广告位放于顶端导航栏的下方，如图6-45所示。

图6-44 右侧广告位

图6-45 顶端广告位

这个广告位需要在装修后台调出来，下面介绍如何操作。

步骤 01 在装修后台单击顶部的"页面装修"，在下拉列表中选择"页面管理"选项，如图6-46所示。

步骤 02 单击"宝贝列表页"选项，如图6-47所示。

图6-46 选择"页面管理"选项

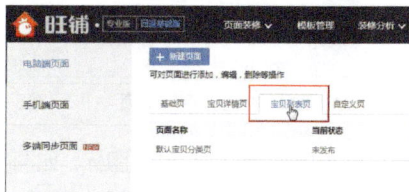

图6-47 单击"宝贝列表页"选项

步骤 03 单击下方右侧的"页面装修"链接，如图6-48所示。

图6-48 单击"页面装修"链接

步骤 04 单击顶部的"布局管理"按钮，如图6-49所示。

步骤 05 在切换的界面中单击"添加布局单元"链接，如图6-50所示。

图6-49 单击"布局管理"按钮

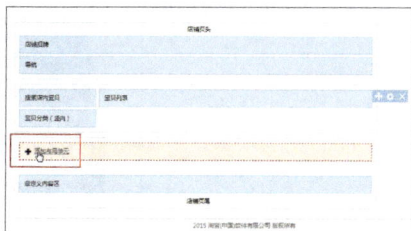

图6-50 单击"添加布局单元"链接

步骤 06 在打开的对话框中单击"950"选项，如图6-51所示。

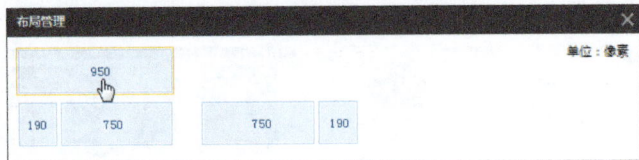

图6-51 单击"950"选项

步骤 07 添加布局后，选择左侧的"自定义区"选项，如图6-52所示。

步骤 08 将其拖入右侧新增的布局单元中，如图6-53所示。

图6-52 选择"自定义区"选项　　图6-53 拖入新增的布局单元

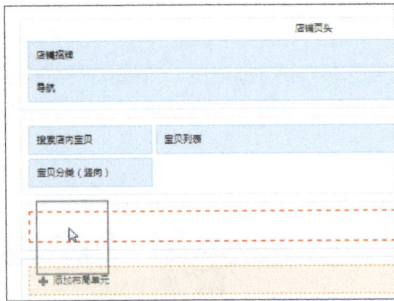

步骤 09 添加后，选择单元后的"移动"图标，如图6-54所示。

步骤 10 单击并向上拖动调整位置，如图6-55所示。

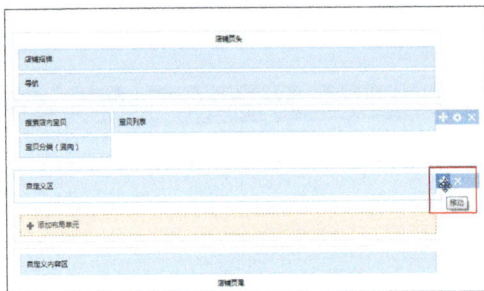

图6-54 选择"移动"图标　　　　　　图6-55 调整位置

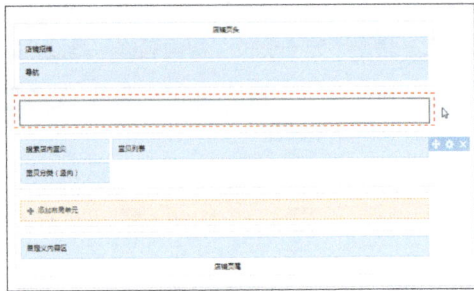

步骤 11 单击顶部的"页面编辑"按钮，如图6-56所示。

步骤 12 在切换界面后单击"自定义内容区"模块右上角的"编辑"按钮，如图6-57所示。

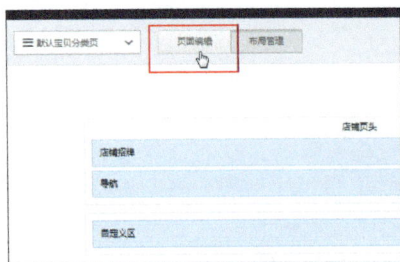

图6-56 单击"页面编辑"按钮　　　　图6-57 单击"编辑"按钮

步骤 13 打开对话框，单击"插入图片空间图片"按钮，如图6-58所示。

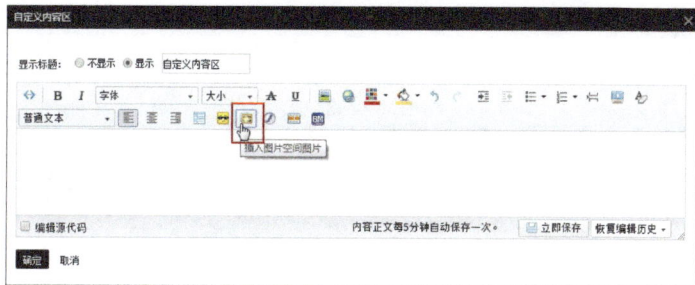

图6-58 单击"插入图片空间图片"按钮

步骤 14 在下方选择图片，单击"插入"按钮，如图6-59所示。

图6-59 单击"插入"按钮

步骤 15 插入图片后，选择图片，单击"编辑"链接，如图6-60所示。

步骤 16 在打开的对话框中设置宽度为950像素，如图6-61所示。单击"确定"按钮关闭对话框。

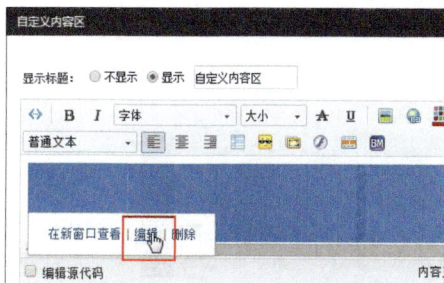

图6-60 单击"编辑"链接

图6-61 设置宽度

步骤 17 在显示标题后单击"不显示"按钮，如图6-62所示。

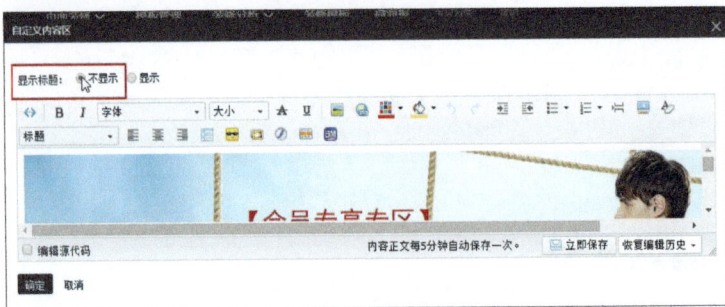

图6-62 单击"不显示"按钮

步骤 18 单击"确定"按钮即可。预览效果如图6-63所示。

图6-63 预览效果

提示 或者拖入左侧的"图片轮播"模块，如图6-64所示，制作轮播海报效果。

图6-64 拖入"图片轮播"模块

第 7 章

手机店铺营销设计

无线网购增长速度是电脑几倍之多，这说明了移动时代的来临。想在手机淘宝上抢占更多免费流量，就需要做好手机店铺的营销设计。

7.1 手机店铺营销

手机店铺作为移动端的淘宝店铺，与电脑端有着较大的不同。我们要在手机店铺不断发展的趋势下，抓住消费者的眼球，发挥视觉营销的作用。

7.1.1 手机店铺入口

手机店铺主要分为三个入口：淘宝App、天猫App和WAP，如图7-1所示。三个端口的浏览大小比是淘宝App＞WAP＞天猫App。三个端口的呈现方式会随着手机淘宝、天猫App的版本升级而发生变化。

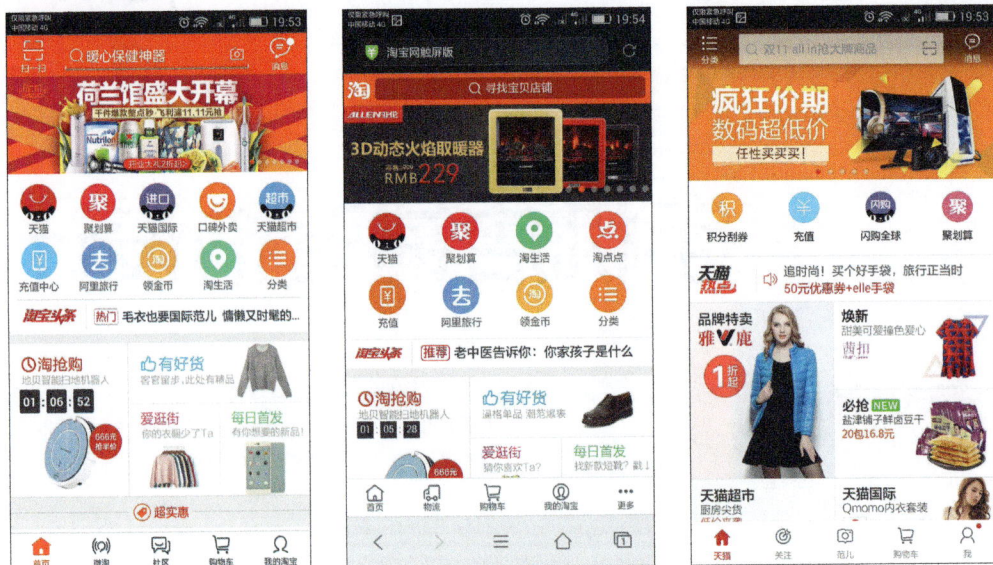

图7-1 手机店铺的三个入口

手机店铺的特点如下。
- 可以随时随地浏览店铺，不受时间、位置的限制。
- 可以短时间预览、快速阅读、快速消费，简单、快捷、方便。
- 手机店铺增加了买家和卖家的黏性，线上线下的沟通、互动十分方便。

7.1.2 手机店铺营销设计原则

下面介绍手机店铺营销设计的六大原则。
- **快速打开**：为了不流失客户，手机店铺的打开速度一定是要飞速的。由于受到流量、网速的限制，会出现现图片过大而打不开的情况，这样必然会给顾客带来不好的购物体验。
- **信息简洁**：为了达到快速传播的目的，手机店铺要尽量精简内容。手机店铺受手机载体的限制，店铺的内容呈现受手机大小的限制，信息量过多，会导致消费者无法读取全部信息。
- **风格统一**：和电脑端一样，手机店铺也要做到风格统一，首尾呼应。根据品牌特性，使所有的设计保持风格一致。

- **时常更新**：不同的活动和促销需要不同的风格，时常更新店铺，增加消费者的新鲜感。
- **以图片为主**：控制文字的大小，以图片为主。因为手机屏幕不如电脑屏幕，买家更集中于先看图片，只有图片吸引了买家，他们才会愿意看页面中的其他文字，这样才能使买家快速获取商品、店铺信息。
- **分类结构清晰**：模块划分清晰，做到少而精。
- **色彩鲜亮**：因为手机的浏览面积小，所以一般使用鲜亮的色彩，这样阅读起来更加轻松自在。如果使用深色系，会使画面不清晰，也会给买家带来不悦感。

7.1.3 手机店铺首页布局

手机店铺首页设计和PC端店铺首页的设计思路有着互通之处，也有不同。

1. 手机店铺首页构成

手机店铺的首页构成分为两部分，一部分是自定义模块专区，另一部分是宝贝推荐模板。

■ 自定义模块专区

自定义模块区一般位于手机店铺的前几屏，包括优惠券、活动信息、爆款推荐等内容。自定义模块的要求如下。

- **产品为主**：以图片展示产品，首页使用哪些产品、哪些图片都需要提前考虑好。
- **文字精简明了**：通常在PC端为了传达活动、优惠等信息，会用到较多的文字说明。但是手机店铺要简洁明了，能清晰展示促销信息即可。
- **优惠券**：优惠券是手机端使用最多的、最有效的引流工具。从视觉营销的角度考虑，手机店铺的优惠券设计与电脑端的不同。
- **会场专区**：建立不同的会场专区，在首页尽可能多地曝光店铺商品。
- **爆款推荐**：对爆款进行推荐。

■ 宝贝推荐模块专区

宝贝推荐模块也需要对宝贝进行排列展示，将爆款放在最前面，吸引消费者，然后是新品展示，接着是季节性商品陈列，最后是特供款的展示，推荐特价产品。

2. 大促结构设计

大促活动与PC端一致，需要先架构框架。手机店铺的结构展示，如图7-2所示。

- 模块1：品牌Logo或店铺名称。
- 模块2：店招，与店铺最新活动相关。
- 模块3：焦点图，以轮播显示活动与促销。
- 模块4：优惠券，在前面显示活动信息后，以优惠券吸引消费者领取，并刺激消费。
- 模块5：活动区，对爆款进行推荐。
- 模块6：分类区，让消费者点击进入承接页面，曝光更多产品。
- 模块7：商品展示区，对商品进行分类展示。

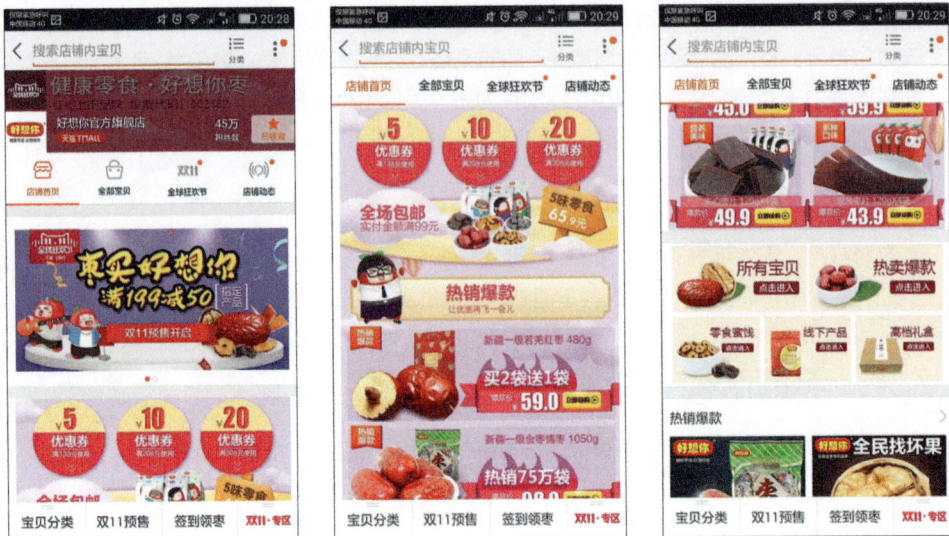

图7-2 手机店铺的结构展示

7.2 首页模块营销设计

与PC端从左到右的浏览习惯不一样，手机端的屏幕较小，浏览的习惯一般都是从上往下的。如果都是双列宝贝，或者用双列图片展示宝贝，就会大大降低用户体验。利用无线装修，可以巧用各种大模块的组合，像焦点图、左文右图、多图等模块，使手机淘宝首页显得更有趣味性。

7.2.1 首页装修技巧

首页装修的技巧在于以下几点。

● **店标**：店标是店铺的标志，我们也许会觉得在淘宝网店中，店标的用处不大，但在手机店铺中，店标显示在店铺首页的最上方且位置显眼，买家在逛淘宝店的时候，就会一眼瞄到店标。制作店标应当以颜色鲜艳、设计简明为主，这样不仅可以吸引买家的眼光，也更好地宣传了店铺。

● **店名**：手机端的屏幕尺寸有限，所以，店名字数不要太长，过长的店名可能在手机端显示得不全面，也会减弱整个店铺的品牌效应。

● 在模块上的选择上，可以选取大模块以达到从上而下的排列效果。

7.2.2 店招

店招并非一成不变，一般与店铺近期活动相关，如图7-3所示，该手机店铺店招图与电脑端中的活动海报相吻合。不同的是，为了突出主题，手机店铺店招中的文字颜色更改为红色，会更清晰更突出。为了版面的简洁，将原有的多个小孩去掉，文字下方留白。

图7-3 手机店铺店招图与电脑端中的活动海报相吻合

下面对不同的案例进行分析。

● **成功的案例**

店招中的文字、照片、色彩等元素要简洁统一，整体排版要和谐，如图7-4所示。

图7-4 成功的案例

● **失败的案例**

店招中的文字信息过多，留白过少，给人杂乱拥挤的感觉，如图7-5所示。

图7-5 文字过多

● 店招中文字模糊不清，或使用毫无意义的文字，如图7-6所示。

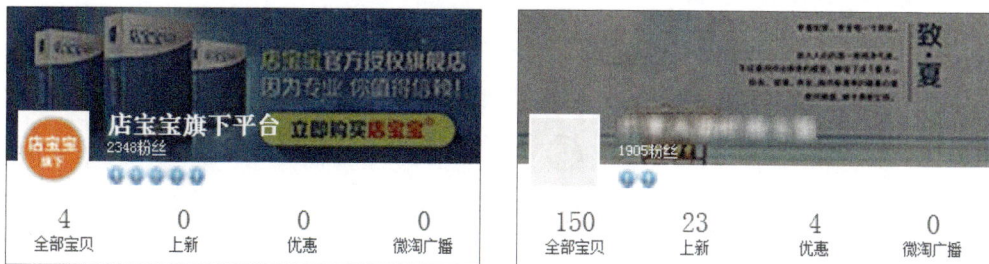

图7-6 文字模糊不清

● 使用内容毫无意义的店招，浪费店招这个营销黄金位，如图7-7所示。

图7-7 毫无意义的店招

7.2.3 焦点图

焦点图可以是单张海报图，也可以是多张轮播图，下面对成功案例和失败案例进行分析。

1. 成功案例的分析

● **色彩鲜明**：如图7-8所示，使用鲜明的颜色能瞬间吸引浏览者目光。由于手机屏幕较小，制作手机焦点图时切忌使用深沉灰暗的颜色。

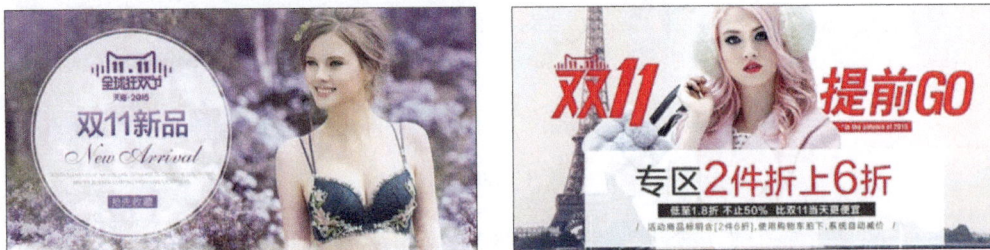

图7-8 色彩鲜明

● **配色合理**：如图7-9所示，焦点图与店招、信息分类区使用同系列颜色，配色合理，提升了店铺的品质。

● **主题突出**：如图7-10所示，通过对字体进行加粗、使用对比颜色等处理方式使海报的主题简明突出。

图7-9 配色合理

图7-10 主题突出

2. 失败案例的分析

● 图7-11所示的焦点图信息很多，感觉杂乱，虽然是想向消费者呈现该商品的卖点，但是排版不合理，信息多余。

● 如图7-12所示的首页，焦点图文字很多，堆积在一起，字小且模糊。手机上的图片如果模糊不清，必然导致用户体验不佳，甚至会使用户产生厌烦的心理，从而关闭页面，造成客户的流失。

图7-11 信息很多

图7-12 图片模糊不清

● 如图7-13所示，两张海报图都没有产品和主题，就像摆设，失去了焦点图的营销作用。

图7-13 没有产品和主题

● 如图7-14所示，两个店铺都用了几个模块，甚至几屏来显示焦点图，显然，这不仅浪费了页面空间，也造成了视觉疲劳。客户在滑动页面时看不到想看的信息，会选择放弃。第二张图甚至在使用了"焦点图模块"的情况下，仍然每个模块只展示一张图。

● 如图7-15所示，店铺海报主题很明显，是年中大促，但年中大促已经过去大半年，这张海报显然不合时宜，会导致用户体验不佳。应当结合最近的节日、活动对海报进行更新替换，如冬季上新、万圣节，以及即将到来的"双11"活动等。

图7-14 浪费页面空间　　　　　　　　图7-15 没有实时更新

7.2.4　优惠券

在焦点图下放置优惠券，更有利于活动的进行。消费者通常会根据使用条件领取优惠券，也会在领取后拼单满足使用条件。

1. 失败的案例

- **不突出**：图7-16所示的店铺首页的优惠券设计不突出，由于使用了浅色的文字，与背景白色相近，导致金额和使用条件不明显。
- **不实用**：如图7-17所示，在焦点图中添加了优惠券领取的信息，这里的背景是多余的，完全可以不用。

图7-16 不突出　　　　　　　　图7-17 不实用

● 眼花缭乱：有些店家怕顾客不能看到所有的优惠券信息，就将不同条件的优惠券全部呈现，如图7-18所示，这种优惠券还没领取就给人眼花缭乱的感觉。建议将优惠券以"多图"模块制作成可以滑动显示的形式，这样不会将全部优惠券一次性显示，又可以满足有需要的买家，如图7-19所示。

图7-18 优惠券过多

图7-19 滑动显示

● 空间占用大：图7-20所示的优惠券使用了大图设计，十分突出抢眼，但是仅三张优惠券就占用了一屏，客户在手机上看会觉得很大。另外，大红色、大黄色会刺激眼睛，令人感到不舒服。

图7-20 空间占用大

2. 成功的案例

如图7-21所示，优惠券信息简洁明了。金额以红色大号字体显示，其他信息进行了弱化，让用户一眼就能看到。

图7-21 简洁明了

● 对优惠券种类较少的以横排显示，颜色要统一，排版如图7-22所示。

图7-22 横排显示

● 对于滑动领取的优惠券，第一张即对优惠券领取信息进行说明，能明确地引导消费者领取，如图7-23所示。

图7-23 滑动领取的优惠券

7.2.5 活动区

活动区一般对爆款、主推商品进行推荐，将商品、活动及折扣信息清晰地展现，引导消费者便捷购买。下面对案例进行分析。

1. 失败的案例

如图7-24所示，活动区的图直接照搬PC端的图，这种图在手机上显示得太小，信息不清晰。

2. 成功的案例

如图7-25所示，活动区将主推商品以大图显示，描述简洁，价格突出，经过设计的排版比常规的水平排版更具动感，独有的特色与其他店铺区分开来，这样阅读起来不觉得乏味。

图7-24 显示太小

图7-25 成功案例

7.2.6 分类图

分类图在手机店铺首页中十分重要，它是引导消费者浏览更多商品的工具。

1. 文字分类

在手机店铺中分类图要清晰才能指引消费者，如图7-26所示的分类图是文字分类，文字大小不统一，且在文字下添加了一个投影，看上去很模糊。图7-27所示的也是文字分类，文字大小统一，看上去十分舒适。

图7-26 文字模糊

图7-27 文字大小统一

2. 图文分类

我们知道文字分类不如图文分类的效果好，在手机上更是如此。因此图文分类应用相对来说比文字分类应用得更多。图文分类要做到画面整洁，分类清晰，如图7-28所示。同样是图文分类，如图7-29所示的画面却因为每个分类下的图片过多而略显杂乱。

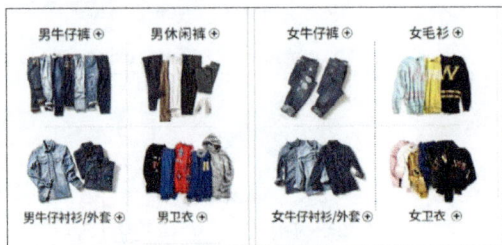

图7-28 分类清晰

图7-29 图片过多

● **简单的图文展示**：对分类进行简化，挑选出主要分类进行展示，信息十分直观明了，如图7-30所示。

图7-30 简单的图文展示

● **Banner+图文**：使用Banner展示主要分类，选出具有代表性的爆款商品作为图文分类中的图片，如图7-31所示。

图7-31 Banner+图文

● **颜色鲜艳，布局合理**：分类模块很多，但需要做到配色协调、布局合理，如图7-32所示。

图7-32 颜色鲜艳，布局合理

7.2.7 商品展示区

直接使用默认的模块进行商品展示比较单调枯燥，缺少营销氛围，如图7-33所示。

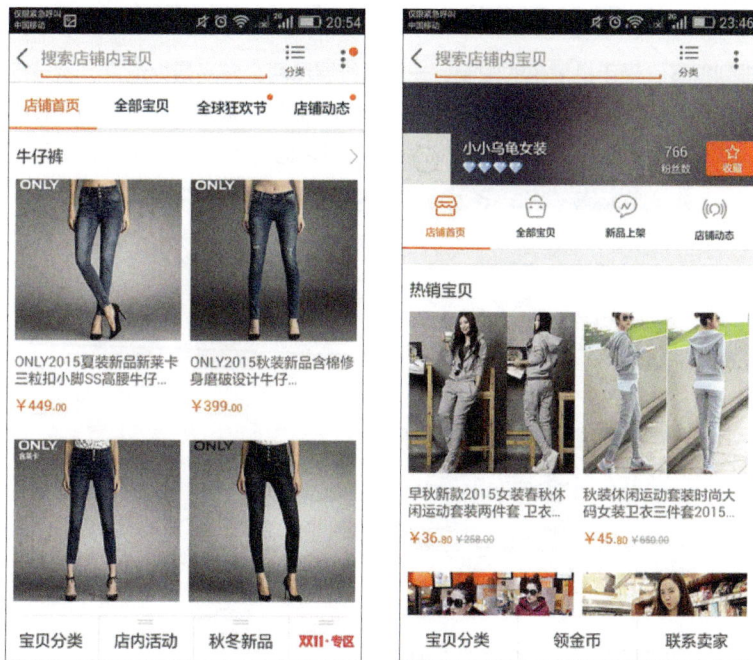

图7-33 默认的模块

下面对不同的案例进行分析。

1. 失败的案例

- **商品变形**：首页制作商品展示区时要考虑到尺寸大小，否则会出现拉伸等变形的图片，以至不能真实地展示出商品，如图7-34所示。
- **商品重复多余**：图7-35所示的首页商品展示区用一屏展示一个商品的不同颜色，其实首页中不必对某一款商品进行详细介绍，那是详情页的功能。

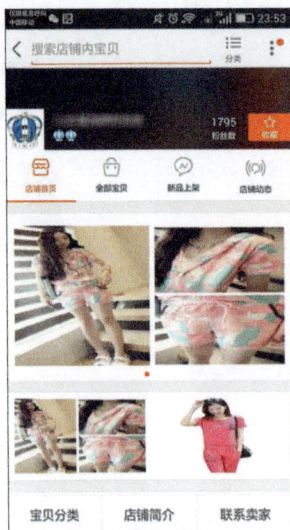

图7-34 商品变形

图7-35 商品重复多余

- **商品排列得多**：受手机屏幕的限制，一般每行展示两个商品最为适宜，若一行展示三个商品页面会显得格外拥挤，如图7-36所示。但如果商品背景是白底，且商品较小，白色的底之间形成了留白效果，使用一行展示三张图也不会觉得拥挤，如图7-37所示。

图7-36 显得拥挤

图7-37 白色背景

● **没有重点**：如图7-38所示，页面第一眼看上去感觉满眼的蓝色、红色，而折扣、价格等信息埋没在一大片的颜色中，重点太多反而显得没有重点。

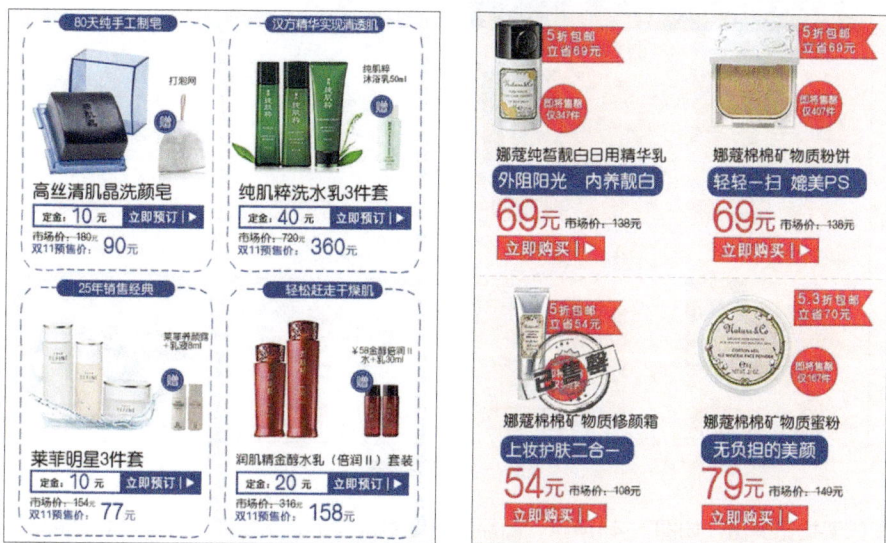

图7-38　没有重点

● **文字过多**：图7-39所示的商品展示中，文字过多，不利于手机阅读。

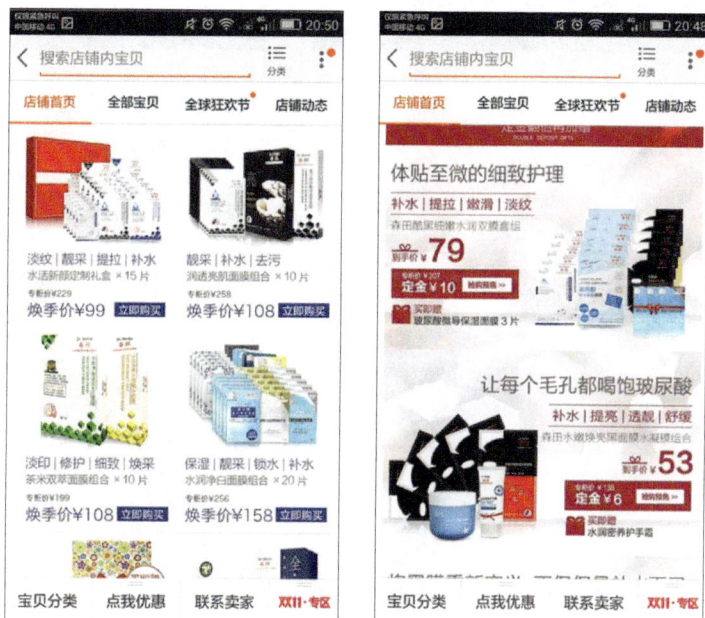

图7-39　文字过多

2. 成功的案例

● **简洁清晰**：图7-40所示的产品、价格、产品名称等内容简洁明了，阅读性强。

图7-40 简洁清晰

- **购买按钮突出**：如图7-41所示，商品展示图中省去了商品名称，整个界面更简洁，而将购买按钮进行突出，引导消费者点击。
- **分类展示**：对商品按类别进行展示，每个类别展示方式、细节又在统一中有所变化，增加了消费者的新鲜感，如图7-42所示。

图7-41 购买按钮突出

图7-42 分类展示

- **小Banner展示海报效果**：在每个分类商品区前添加小Banner，可以对爆款进行展示，Banner图更能吸引眼球，如图7-43所示。
- **不拘一格**：以不同的展示方式来增强趣味性与视觉性，如图7-44所示。

图7-43 小Banner展示海报效果

图7-44 不拘一格

7.2.8 其他信息

在首页中对重要的信息进行说明，可以帮助消费者解决问题。

1. 合适的信息

对店铺的服务进行说明，如默认快递、包邮条件、特殊服务等，如图7-45所示。也可对促销活动、会员特权等内容进行公告，如图7-46所示。

图7-45 服务说明

图7-46 公告

2. 不合适的信息

图7-47所示为某店铺首页截图，在用户进店后还没了解店铺，就看到一堆莫名其妙的信息，这些信息放在详情页中可能会更好，放在这儿显然是不合适的。

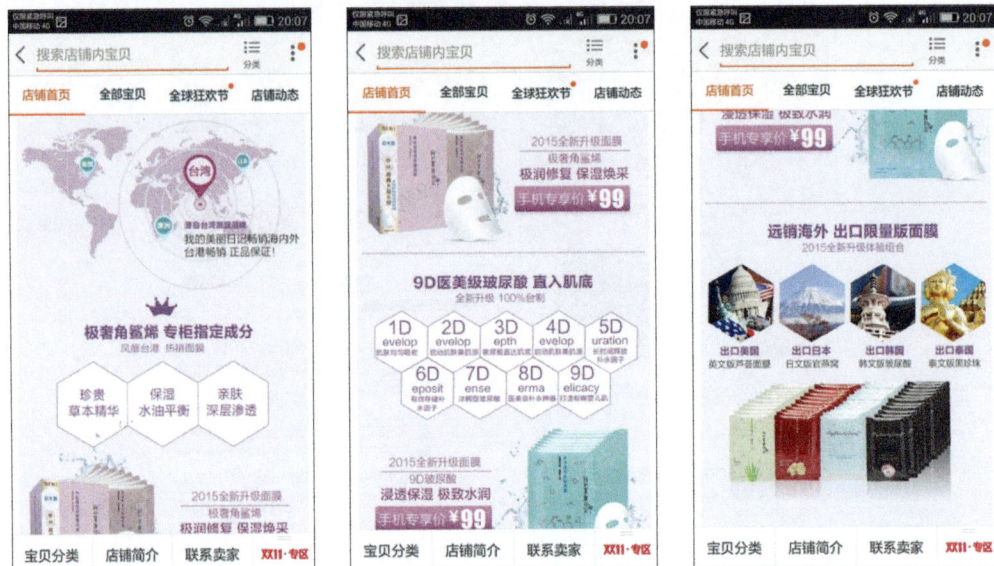

图7-47 不合适的信息

7.3 手机详情页营销

7.3.1 手机详情页与PC端的不同

很多卖家会把店铺PC端的图片直接搬到手机淘宝上来，出现尺寸不合、效果不好、体验不佳的问题。手机淘宝的图片看似小，其实大有玄机，对最终成交起到关键作用。

- 尺寸的不同：手机屏的大小要求着手机淘宝装修的尺寸，尺寸的不合适会造成界面混乱、浏览不佳的问题。
- 布局的不同：根据受众的需求，手机淘宝要做到能被快时间预览、快速阅读，操作方便，这就要求布局的简洁明了，摒弃不必要的装饰。
- 详情的不同：PC端会通过较多的文字说明产品的卖点、店铺促销、优惠等信息，但手机淘宝详情要用精简的文字，与较多的图片信息阐述详情。
- 分类的不同：分类结构明确，模块划分清晰，体现少而精，以突出图片为主。
- 颜色的不同：很多PC端会用到深色系，体现店铺的风格、品质的高档等；而手机端由于浏览面积小，视觉受限，店铺颜色要鲜亮，才能引起消费者的愉悦感。

7.3.2　设计规范

手机详情页的制作，是增加无线端宝贝和店铺的加权点之一，是为店铺引流的武器所向。当我们查看没有做手机详情页的宝贝时，因为同步PC的详情页的原因，会出现字体不整齐、图片动来动去的情况，体验效果不佳。重新做了手机宝贝详情页后，图片和文字将更清晰、更有条理，用户体验更好。

- 当需要添加的文字太多时，建议使用纯文本的编辑方式，这样看起来更清晰。
- 建议图片的像素尺寸为480×620，高度小于960像素。
- 考虑屏幕的大小，尽量做到每一屏一张图片的大小，令注意力集中，宝贝展现锁住用户眼球。
- 手机端图片少，买家浏览的速度快，突出产品颜色，达到冲击视觉的效果。
- 完善宝贝主图。通过5张主图把产品所有的信息都展现得淋漓尽致，更有利于提高买家的购买欲、下单率。

7.3.3　产品描述的要素

产品描述有六大要素。

1. 抓住3s注意力

产品描述页面如何才能在3s内打动消费者，是需要考虑的首要问题。在打动消费者之前需要先打动自己，如果自己都没有购买该商品的欲望那就是失败的。

2. 重点放在前三屏

手机浏览的连贯性不如PC端，且消费者页面停留时间平均很短，所有商品详情页必须简单直接，前三屏必须展示产品卖点和重要信息，在前三屏抓住消费者的目光，使其对产品产生兴趣，愿意继续浏览下去。

3. FAB利益排序法

FBA是指产品的卖点、产品的优势和消费者的益处。找出该商品的FAB后，分析如何呈现最容易打动消费者。

4. 模特展示图

模特展示图要少而精，对原PC端的模特图进行精简，挑选出能全面展示商品的模特图。

5. 产品实拍展示图

产品实拍图、细节图是PC端和手机端都必要的信息，同样需要精选细节图。

6. 品牌说明和公司介绍

同PC端详情描述一样，使用品牌或公司介绍来消除消费者对购买产品的疑虑，增加产品的可信度。

7.3.4　手机详情页案例分析

下面对手机详情页的案例进行分析。

1. 失败的案例

● **颜色暗沉**：手机详情页必须以图片为主，精简的文字为辅。图7-48所示的详情页背景颜色过于黑暗，文字过多，在手机屏幕上需要很费力才能看清，这必然是失败的。

图7-48　颜色暗沉

● **产品属性文字过多**：图7-49所示的产品属性说明文字过多，字号小且密集，使用户不易看清内容。产品信息说明必须清晰明确，文字精简、画面清晰才利于顾客阅读，如图7-50所示。

图7-49　产品属性文字过多

图7-50　文字精简

● **细节展示不突出**：图7-51所示的细节展示并不突出，虽然用文字进行了解释，但是文字太小，颜色不明显，效果不好。而图7-52所示的就将细节进行了列举，适合快速阅读。

图7-51 细节展示不突出

图7-52 细节列举

2. 成功的案例

下面展示一个成功的案例供读者参考。